Katharina Mahrenholtz
Grundwortschatz Paare

Katharina Mahrenholtz

Grund- und Aufbauwortschatz

PAARE

Mit Bildern von Dawn Parisi

Unser gesamtes lieferbares Programm und
viele andere Informationen finden Sie unter
www.sanssouci-verlag.de

1 2 3 4 5 13 12 11 10 09

ISBN 978-3-8363-0201-2

Einbandgestaltung:
Hauptmann und Kompanie Werbeagentur GmbH,
München / Zürich
Illustration und Satz: Dawn Parisi, Hamburg
Druck und Bindung: Kösel, Krugzell
Printed in Germany

Frauen sind anders, Männer auch

Oder, wie Loriot schon festgestellt hat: »Männer und Frauen passen einfach nicht zusammen.« Wenn Ihnen bei der und dem Liebsten gelegentlich Verhaltensweisen oder Vokabeln auffallen, die Sie so gar nicht verstehen können, dann naht Hilfe in Form dieses Nachschlagewerks.
Damit *er* endlich versteht, was sie meint, und *sie* weiß, wovon er spricht, haben wir einen Grundwortschatz zusammengestellt, der allen Paaren die gemeinsame Kommunikation erleichtern soll. Die Autorin nimmt dabei in Kauf, dass sowohl weibliche wie auch männliche Leser immer mal wutentbrannt aufschreien werden: Klischee! Vorurteil! Ich bin ganz anders! Es trifft nie alles auf alle zu. Ausnahmen gibt es natürlich immer: Männer, die sich gar nicht für Autos interessieren und Frauen, die Kung-Fu-Filme lieben. Männer, die leidenschaftlich gern Klamotten kaufen, und Frauen, die noch nie einen Bad-Hair-Day hatten. Gibt es, klar. Aber im landesweiten Durchschnitt dürften diese Menschen in der Minderheit sein. Wenn also ein Stichwort gar nicht auf Sie zutrifft, überlesen Sie es oder erfreuen Sie sich an Ihrem Individualismus.

I. Auswahl der Stichwörter

Der Grund- und Aufbauwortschatz Paare kann keinerlei Ansprüche auf Vollständigkeit erheben. Aber die hier aufgeführten Stichworte sind alle in der Absicht ausgewählt, dem Benutzer/der Benutzerin eine Orientierungshilfe im Zustand namens Partnerschaft (Beziehung) bzw. Ehe zu bieten. Aufgenommen wurden Wörter aus folgenden Sachgebieten:

1. Wörter, die für Männer und Frauen eine unterschiedliche Bedeutung haben, wie etwa »Auto« oder »Gebrauchsanweisung«.

2. Wörter, die man als Single meinte zu kennen, deren Bedeutung sich aber nun entscheidend ändert, wie etwa »immer« oder »schweigen«.

3. Wörter, zu denen man bisher ein eher neutrales Verhältnis pflegte, die aber nun oft zum Zündstoff für partnerschaftliche Diskussionen werden, wie etwa »Lebensplanung« oder »Alkohol«.

4. Wörter, die harmlos klingen, aber im Verlauf einer Beziehung zu Tabuzonen werden können, wie etwa »Nagelknipser« oder »Familienfest«.

5. Neologismen, die auf den ersten Blick unbekannt scheinen, aber einen meist wohlvertrauten Zustand beschreiben, wie etwa »LassMichMalitis« oder »Partnerdilemma«.

6. Eigennamen, die für ein Lebensgefühl oder einen prägenden Lebensabschnitt im Leben eines der beiden Partner stehen können, wie etwa »Scarlett Johansson« oder »Dirty Harry«.

II. Zeichen von besonderer Bedeutung

\- Der waagerechte Strich steht in Vertretung für das Stichwort, etwa um den Genitiv anzuzeigen – z. B. »Auto, das; -s«

... drei Punkte stehen bei Auslassung von sich wiederholenden Teilen eines Wortes – z. B. »Stadtplan, *Plur.* ... pläne«

[ ] In eckigen Klammern wird in Kursivschrift auf die Herkunft des Wortes verwiesen, etwa wenn es aus einer anderen Sprache stammt – z. B. »Migräne [*griech.*]«. Auch auf Wortneuschöpfungen (Neologismen) sowie auf Unwörter (Wörter, die man möglichst nicht in seinem aktiven Wortschatz führen sollte) wird in eckigen

Klammern verwiesen, z. B. »Relevanz-Schere [*Neol.*]« bzw. »dick [*Unw.*]«.

( ) In runden Klammern finden sich erläuternde Zusätze, etwa zur eigentlichen Bedeutung des Wortes – z. B. »Beifahrerin (*syn. für* Minenfeld)« – oder zum Sprachgebrauch – z. B. »Kühlschrankleiche (*ugs. für* verdorbenes Lebensmittel)«. Bei Begriffen, die vor allem in einer gängigen Abkürzung benutzt werden, steht die vollständige Bedeutung ebenfalls in runden Klammern – z. B. »Auto (*Abk. für* Automobil)«.

→ Der Pfeil kennzeichnet ein Wort in einer Erklärung, das auch als eigenes Stichwort aufgeführt ist.

↔ Der Gegenpfeil verweist auf ein ähnliches (manchmal ebenfalls aufgeführtes) Wort, das aber keine direkte Entsprechung ist (z. B. »einkaufen ↔ shoppen«).

= Das Gleichheitszeichen bezeichnet eine exakte Entsprechung (z. B. »multi = viel, mehrere«) oder aber eine unmittelbare Folge (z. B. »Frauen entlarven diese Antwort als Lüge = schlechte Stimmung«).

III. Anordnung der Stichwörter

1. Allgemeines

a) Die Stichwörter sind halbfett gedruckt.
b) Die Anordnung der Stichwörter ist alphabetisch. Umlaute (ä, ö, ü, äu) werden wie die normalen Vokale (a, o, u, au) behandelt. Der Buchstabe ß wird wie ss eingeordnet.
c) Unterschiedliche Konnotationen für Männer bzw. Frauen werden durch ♂ bzw. ♀ gekennzeichnet.

2. Verben (Tunwörter)

Regelmäßige Verben werden nur im Infinitiv angegeben (z. B. »einkaufen«). Bei unregelmäßigen Verben werden zur Verdeutlichung folgende Formen mit angegeben: 1. Person Singular Präteritum, 1. Person Singular Konjunktiv Imperfekt, das Partizip II und der Imperativ (Singular).
Beispiel:
werfen; warf, würfe, geworfen, wirf!

3. Substantive (Hauptwörter, Nomen)

a) Jedem Substantiv sind folgende Zusätze beigegeben: der Artikel, der Genitiv Singular und der Nominativ Plural.
Beispiel:
Auto, das, -s, -s (= das Auto, des Autos, die Autos)
Sollte ein Substantiv nur im Plural bzw. Singular existieren, so wird dies wie folgt angegeben:
Eiskunstlauf, der, -s, *nur Sing.*

b) Steht ein Substantiv in unmittelbarem Zusammenhang mit einem Adjektiv, dann wird dieses mit Komma angeschlossen. Die Angaben zu Artikel, Genitiv und Plural beziehen sich auf das vorangestellte Substantiv.
Beispiel:
Geräte, elektronische, die; -, *nur Plur.*
c) Wenn es sich um Eigennamen handelt, fehlen die o. a. Zusätze. Dem Stichwort folgt dann lediglich eine Kurzinformation.
Beispiel:
Johansson, Scarlett, *amerikanische Schauspielerin*

4. Adjektive (Wiewörter)
Bei Adjektiven werden Besonderheiten der Steigerungsformen vermerkt (z. B. »krank, kränker, Hypochonder«) sowie Zusätze zur Art und Weise des Gebrauchs (z. B. »sauber, *subjektives Adjektiv*«).

IV. Verwendete Abkürzungen

Abk.	Abkürzung	euph.	euphemistisch
abw.	abwertend	evol.-gesch.	evolutionsgeschichtlich
Art.	Artikel		
chem.	chemisch	Fachterm.	Fachterminus
emot.	emotional	frz.	französisch
engl.	englisch	griech.	griechisch

Hyp.	Hyperonym (Oberbegriff)
Kunstw.	Kunstwort
laienh.	laienhaft
lat.	lateinisch
Neol.	Neologismus
NG	No Go. Nicht sagen, kaufen oder benutzen.
neutr.	neutral
path.	pathologisch
Plur.	Plural
probl.	problematisierend
Reizw.	Reizwort
Sing.	Singular
syn.	synonym
ugs.	umgangssprachlich
Unt.	Untertreibung
Unw.	Unwort
veralt.	veraltet

Pa

a
re

Alkohol, der; -s, *nur Sing.* (*ugs. für* Ethanol, *chem.* EtOH)

Eine tückische Vokabel, denn sie ist deutlichen Assoziationsschwankungen unterworfen. Solange man Alkohol gemeinsam konsumiert, überwiegen folgende Konnotationen: Entspannung, Spaß, Stimmung, Romantik – gelegentlich sogar Leidenschaft. Wenn aber eine(r) allein loszieht und angeschickert bis betrunken zurückkehrt, wird mitunter (lautstark) etwas ganz anderes assoziiert, nämlich: Lotterleben, andere Männer / Frauen, Betrug, du liebst mich nicht mehr usw. usf. Wobei sich vor allem Frauen übersprungsartig in eine gewisse Hysterie hineinsteigern können. Und schuld ist nur der Alkohol …

Alltag, der; -s, *nur Sing. (euph. für* Ende der Romantik)
Kehrt spätestens irgendwann nach Bezug der gemeinsamen Wohnung ein und ersetzt die berühmten Schmetterlinge. Anzeichen: verändertes Styling-Verhalten (*siehe auch* → *Jogginghose,* → *Negligé*), sinkende Hemmschwellen (*siehe auch* → *Nagelknipser,* → *Zähneputzen*), Ärger über herumliegende Dinge (*siehe auch* → *Sockenproblem*) und krampfhaftes Herumdenken auf Sexquantität und -qualität (*siehe auch* → *Rollenspiel*) bzw. Vermeiden von Sex (*siehe auch* → *kuscheln*).

Alter, das (*bzw. ohne Art.*); -s, *nur Sing.*
♀ Ein sehr unerfreulicher Zustand, der jenseits der 40 irgendwo lauert. Erst kommen Augenfalten, dann Schrumpelknie, dann Winke-Ärmchen, dann uuuuhhhhhhh und dann die Wechseljahre. Sehr starke Frauen freuen sich auf das Alter, der feige Rest versucht mit → *Q 10* und → *BBP* dagegen zu arbeiten.
♂ Anrede für gute Kumpels

ändern, *den Mann* [*Reizw.*]
Frauen wollen ihre Männer ändern, zumindest in Teilen. Das Outfit optimieren. Vielleicht die Essgewohnheiten verbessern? Auf jeden Fall seinen Sinn für Ordnung aktivieren. Frauen stecken unglaublich viel Energie in den Veränderungsprozess – obwohl sie wissen, dass man Menschen (Männer) umso weniger

ändern kann, je älter sie sind. Männer sind da viel pragmatischer: Sie nehmen die Frauen, wie sie sind – sind dann aber mitunter entsetzt, wenn sie sich im Laufe der Beziehung ändern.

Angeberei, *siehe* → *Ich-wurde-vom-Chef-gelobt-Syndrom*

Anruf, der; -es, -e (*syn. für* warten, warten, warten)
Trotz rasanter Expansion der Kommunikationsmöglichkeiten – nach dem ersten Rendezvous werden Frauen in die Steinzeit zurückkatapultiert. Sie sitzen zu Hause und warten auf den Anruf des Prinzen. Oder eben auf eine SMS oder E-Mail – im Resultat ist es alles das Gleiche. Man wartet und benimmt sich wider Willen wie ein Klischee aus einem Hollywoodfilm. Überprüft das Telefon (und das Handy und den Computer) auf Funktionstüchtigkeit und fragt sich alle fünf Minuten, ob man nicht selbst … zuerst … Und nein, Männer verhalten sich nicht so. Nie. Männer pflegen grundsätzlich einen anderen Umgang mit Zeit und sind ohnehin grundentspannt der Meinung, dass das natürlich ein toller Abend war. Wozu anrufen? Sie rufen an, wenn sie eine erneute Verabredung ins Auge fassen. Frauen wissen das. Aus allen einschlägigen Filmen und Büchern und Selbsterkenntnissen der letzten Verabredungen. Und trotzdem warten sie und warten sie. Auf DEN Anruf.

Antrag, der; -s, …träge *(die singuläre Verwendung wird empfohlen)*

Für viele Frauen ein Thema. Manche sehnen sich heimlich nach einem romantischen Kniefall, andere bekunden ihre nicht erfüllten Erwartungen offen gegenüber Freundinnen oder machen DEN Antrag sogar regelmäßig zum Thema in der Beziehung. Männer, die nicht 100%ig sicher sind, dass ihre Freundin die Ehe für einen Anachronismus hält, sollten sich früher oder später einen möglichst originellen Antrag überlegen – allerdings nicht ohne vorsichtig auszuloten, wie viel Publikum etc. die Auserwählte verträgt.

Arzt, *siehe* → *Beipackzettel,* → *krank,* → *Vorsorgeuntersuchung*

aufbewahren (*auch*: sammeln)

Diese Sache mit den Jägern und Sammlern muss in der Evolutionstheorie irgendwo völlig fehlinterpretiert worden sein. Jagen, okay (Frauen, Erfolg und Sporttrophäen), aber sammeln? Schrauben vielleicht und CDs. Aber das ist nichts gegen Frauen: Frauen sammeln praktisch alles und heben alles auf. Eintrittskarten für den Louvre, Schuhe, Fotos, Postkarten, Aufkleber, Seifen. Wegwerfen??? Geht nicht. Das sind alles Erinnerungsstücke an irgendetwas. – Was war das noch mal?

ausrichten (*vgl. auch* → *Relevanz-Schere*)

Männer kennen diese Vokabel sehr gut im Zusammenhang mit Regalen, Bildern oder Küchenschränken. Hier beweisen sie meist Effizienz und Gründlichkeit (»Da brauchen wir erst mal eine Wasserwaage!«). Eher unbefriedigend ist ihr Umgang mit dem Ausrichten von möglicherweise wichtigen Nachrichten: »Wie, du hast eine halbe Stunde vor dem Kino gewartet? Auf wen? Auf Julia? Ach, die hat übrigens vorhin angerufen. Äh, was wollte sie noch mal? Ach ja, ich glaube, ich sollte dir sagen, dass sie krank ist.«

Auto, das; -s, -s *(Abk. für* Automobil, *von griech.* auto = selbst *und lat.* mobilis = beweglich)

♀ Transportmittel, das meist nur nach Farben unterschieden wird. Je größer, desto unbeliebter. Größtes Lob für ein Auto gibt es für's Design, es wird z. B. durch das Adjektiv »süß!« geäußert.

♂ *laienh. für* PKW bzw. Wagen. Die Amateurvokabel Auto wird höchst ungern benutzt. Man nennt auf jeden Fall Marke und Modell, gern in Verbindung mit Sonderinformationen wie Karosseriebauweise, Baujahr bzw. Serie und Hubraum: »Volvo 262 Bertone« oder »Mercedes 250 CE/8 Coupé von 68« oder »Jaguar E-Type erste Serie 3,8 Liter Roadster«. Was fällt auf? Die Farbe kommt gar nicht vor. Alles, was bunter ist als schwarz und Schattierungen von anthrazit, gilt bei

Männern ohnehin nicht mehr als Auto. Alles, was die Bezeichnung »süß« verdient, sowieso nicht.

Auto fahren, *siehe* → *Beifahrerin,* → *einparken,* → *nach-dem-Weg-fragen,* → *Navi*

Autoverfolgungsjagd, die; -, -en
Für Männer das Beste am Film. Wirklich! Für Frauen das Langweiligste am Film. Wirklich!

Autorennen, *siehe* → *Formel Eins*

Badezimmerregal, das; -s, -e (*syn. für* IHR Badezimmerregal)

Ein hart umkämpftes Terrain, auf dem der Mann immer den Kürzeren zieht. Gegen die Kosmetikarmada der Frau hat er mit seinen paar Sachen keine Chance. Frauen haben gefühlte 150 Dinge im Bad stehen – von der Tagescreme über Lippenstifte (mehrere Farben, mehrere Formen!) bis hin zu nicht identifizierbaren Produkten mit merkwürdigen Namen (Revital Double Extreme Koffein Lifting Pro Perfect Anti Age). Männer haben Rasierzeug oder -apparat, Deo, After Shave und vielleicht eine Creme. »Die paar Sachen passen doch noch in den Schrank unterm Waschbecken. Neben dem Putzzeug, da ist wunderbar Platz.«

Bad-Hair-Day [*engl.*], der; -s

Frauen und Haare, das ist nie ein unbelastetes Verhältnis. Die meisten Frauen hätten gern die Haare von anderen Frauen, ein Wunsch, der an Bad-Hair-Days besonders stark wird und zu extrem schlechter Laune führen kann. Männer haben sich spätestens nach der Revoluzzerphase daran gewöhnt, dass sie in Sachen Haare eh nicht besonders punkten können, weder im Plus- noch im Minusbereich, und kennen deshalb auch keinen Bad-Hair-Day. Ausnahme: Typ Latin Lover.

Barthaare, die; -, *nur Plur.*

Geschmackssache, solange sie sich am Mann befinden. Streitsache, sobald sie sich im Waschbecken befinden. Über Stoppeln im Badezimmer können sich Frauen maßlos aufregen, obwohl die schwarzen Minis doch viel weniger eklig sind als lange Kopfhaare, die ständig den Abfluss verstopfen, den er dann sauber machen muss!

BBP, der; -, *nur Sing.* (*Abk. für* Bauch-Beine-Po-Gymnastik, *euph. für* Quälerei)

In den 80ern revolutionierte Jane Fonda das Medizin-nach-Noten-Konzept: schnellere Musik, modischeres Outfit, bessere Laune. Aerobic hieß das Ganze und ging um die Welt. Da aber Aerobic zu sehr 80er ist, heißt es jetzt BBP. Das Prinzip ist geblieben: Eine durchtrainierte Vorturnerin im glänzenden Polyester-String Gymnastikanzug zählt 45 Minuten lang von eins bis acht, dazu hämmern nervige Hits aus den Lautsprechern, während die BBP-Gemeinde sich auf muffig riechenden Matten abmüht, alles nachzuturnen – in der Hoffnung, möglichst schnell vermeintlichen oder real existierenden Bauch-, Bein- und Pospeck loszuwerden.

Beipackzettel, der; -s, - (*auch:* Packungsbeilage)
Frauen suchen und finden hier Informationen über Art und Dauer der Dosierung eines Medikaments. Männer suchen und finden Horrorgeschichten, die jeden Stephen King toppen. Die Liste der Nebenwirkungen ist kilometerlang und wird Wort für Wort durchgearbeitet. Mit dem Resultat, dass Männer das Medikament nicht einnehmen (wie auch? Es drohen Magenblutungen mit anschließender Amputation!), sondern weiter leiden. Allerdings selten still (*vgl. auch → krank*).

Beifahrerin, die; -, -nen (*syn. für* Minenfeld)
Das Wort klingt stark nach Klischee und Vorurteil: Er fährt, während sie daneben sitzt und kommentiert (»Nicht so schnell!«, »Achtung, die Leitplanke!«, »Willst du nicht mal schalten?«) bzw. dafür sorgt, dass man sich irgendwann kilometerweit vom Ziel entfernt in einer Sackgasse wieder findet (»Da hättest du rechts gemusst!«, »Hier links! Ach nee, ist Einbahnstraße«,

»Komisch, hier müsste doch längst die Ausfahrt sein …«). Tatsache ist, dass beim Autofahren schon Ehen zerbrochen sind.
Tatsache ist aber auch, dass sich Beifahrer genauso benehmen, nur schaffen es die Männer fast immer, die Fahrerrolle abzukriegen *(vgl. auch → nach-dem-Weg-fragen, → Orientierungssinn, → Stadtplan).*

Beleuchtung, die; -, *nur Sing.*
Hauptsache hell vs. Romantik. Viele Männer haben grundsätzlich nichts gegen Neonlicht einzuwenden, weshalb sich Frauen in Junggesellenwohnungen eher wie beim Stasi-Verhör fühlen und lieber im Dunkeln weiterreden. Frauen lieben Kerzenschein und sogenannte Softtone-Leuchten, was bei Männern oft die Assoziation »Puff« hervorruft. Eine Nebenwirkung, die von Frauen nicht unbedingt intendiert ist.

besserwissen, *siehe → LassMichMalitis, → Siehst du!*

betrügen, *siehe → Seitensprung*

Beziehungskiste [*Unw.*], die; -, -n *(veralt. für* Partnerschaft)
Dieses Wort ist so sehr 80er, dass man es am besten ganz und gar vergisst. Obwohl Partnerschaft oder schlicht Beziehung zugegebenermaßen auch nicht so viel besser

ist. Insofern lohnt sich die Legalisierung der ganzen Sache – dann kann man fortan von »Ehe« sprechen, das klingt zwar auch irgendwie altmodisch, aber immerhin nicht nach AKW-Bewegung.

Bier, das; -es, -e (*vgl. auch* → *Alkohol*)
♀ alkoholisches Getränk
♂ Nahrungsmittel mit Gärungskohlensäure

Bierbauch, der; -s, ...bäuche ↔ *Waschbrettbauch*
Ein Phänomen, dass keineswegs auf bayerische Landwirte über fünfzig beschränkt ist! Generell gilt: Ab Ende dreißig wird jedes Bier vom männlichen Körper in Hüftgold verwandelt. Frauen sind da zwar meist toleranter, als wenn es um ihre eigene Figur geht (*vgl. auch* → *Bikini-Figur*), aber wenn der Bierbauch langsam Richtung Fuß- bzw. Medizinball tendiert, könnten die Themen »(weniger) Essen«, »(weniger) Alkohol« und »(mehr) Sport« mit einer gewissen Penetranz auf dem partnerschaftlichen Gesprächsplan stehen.

Bikini-Figur, die; -, -en (*Fachterm. für* Stress-durch-Wunschdenken)
Im Frühjahr wird in allen Frauenzeitschriften die Bikini-Figur propagiert und jede hat perfektes Patentrezept parat, wie man die Traumfigur erreichen kann. Das Rezept beinhaltet eine → *Diät* (die Zubereitung der fünf

verschiedenen Kleinstmahlzeiten erfordert mindestens so viel Zeit wie Geld), ein komplexes Workout-Programm (Zeit!) und diverse Cremes und Lotions (Geld!). Man versucht es maximal zwei Tage, dann schreibt man die Bikini-Figur mangels Zeit, Geld und Nerven in den Wind. Wozu gibt es Badeanzüge?

Blind Date, das; -, -s (*engl. für* Ein-blindes-Huhn-findet-selten-ein-Korn)

Endet nur selten in einer glücklichen Beziehung (s. o.), sondern meist in einem Zustand zwischen Ernüchterung und Desaster. Voraus geht oft ein mehr oder weniger anregender E-Mail-Chat, der anders als in Filmen (»Schlaflos in Seattle«) oder Büchern (»Gut gegen Nordwind«) nicht vom Zufall, sondern von einer Internet-Partnervermittlung herbeigeführt wurde. Was bedeutet, dass beide wissen, dass der / die andere dringend eine Frau / einen Mann sucht, was die Sache wiederum meist von vorneherein zum Scheitern verurteilt.

Bond, James, *englischer Geheimagent*

Ein wandelndes Klischee und trotzdem (oder gerade deshalb) eine Ikone. Während Frauen sich gerne darüber streiten, wer der bessere James-Bond-Darsteller war, Roger Moore oder Sean Connery oder Pierce Brosnan oder … oder, ist diese Frage für Männer völlig irrelevant. Ihnen geht es um James Bond alias 007, Agent im Dienste Ihrer Majestät, nicht um irgendwelche Schauspieler. Solange Bond die richtigen → *Autos* fährt, die richtigen → *Gadgets* benutzt und genug spektakuläre Actionszenen hat, so lange ist alles super. Roger Moore oder Daniel … wer? haben damit wenig zu tun.

Botox®, das; -, *nur Sing.* (*Abk. für* Botulinum-Toxin)

Botox ist eigentlich der Markenname eines Medikaments, hat sich aber durchgesetzt – so wie Tempo® für Papiertaschentücher. Botulinum-Toxin ist ein Bakteriengift, das die Muskeln erschlaffen lässt. Folge: Man kann nicht mehr die Stirn runzeln, die Falten glätten sich. Frauen freuen sich, wenn sie andere Frauen als gebotoxt entlarven. Selber würde man das natürlich NIE machen, oder WENN, dann nur bei einem Spezialisten – und niemand würde es merken. (Zuallerletzt übrigens der eigene Mann.)

Busen, *siehe* → *Körbchengröße*

Camping, *siehe → zelten*

Chan, Jackie, *chinesischer Schauspieler*

♀ Ist das nicht der Typ, der sich in diesen → *Kung-Fu-Filmen* durch halb Asien boxt? Oder Amerika? Oder ist das Bruce Lee? Oder ist das eine nur der Filmname? Egal, auf jeden Fall ein Grund, nicht ins Kino zu gehen bzw. sofort umzuschalten.

♂ Ein Held, genau wie Bruce Lee übrigens. Der eigentlich noch ein bisschen besser ist. Obwohl – die beiden kann man nicht vergleichen. Beide sind jedenfalls Ikonen des Martial-Art-Film. Jackie Chan eher kommerziell, Bruce Lee mehr idealistisch. Aber beide super.

Chauvi [*frz.*], der; -s, -s (*Abk. für* Chauvinist)

Das Wort Chauvinist geht vermutlich zurück auf den Franzosen Nicholas Chauvin, ein Soldat unter Napoleon und glühender Nationalist. Chauvinismus ist also eigentlich eine extreme Form des Nationalismus, der die eigene Nation per se für überlegen erklärt. Erst die Frauenbewegung der 70er-Jahre erfand den Begriff »male chauvinism«, nach dem sich Männer per se für das überlegene Geschlecht halten. Der Chauvi wurde in den 80er- und 90er-Jahren vom Macho weitestgehend abgelöst, der nicht unbedingt alle Männer für die besseren Menschen hält, aber auf jeden Fall sich selbst.

Ciaoi! (*auch:* Tschüssi!)

Abschiedsformel, wie sie durchaus auch von erwachsenen, intellektuell geforderten Frauen benutzt wird. Auf dem zweiten → *X-Chromosom* liegen offenbar eine ganze Menge Weichspülgene, die in manchen Frauen einen Verniedlichungswahn hervorrufen. Der sich übrigens auch in diversen Spitznamen niederschlägt: Claudi, Kati, Tini, Chrissie – kaum ein Frauenname, der nicht durch ein »i« (oder gar ein »chen«!) ein bisschen schnuckeliger gemacht wird.

Computerjunkie, der, -s, -s

Klar, das ist so ein pickliger Jüngling, der im abgedunkelten Zimmer sitzt und Stunden mit seinem PC verbringt. Aber auch erwachsene Männer verwandeln sich gern nach Feierabend in solche Wesen (ok, ohne die Pickel). Ein gemurmeltes »Mails checken«, ein PLING

– und er ward nicht mehr gesehen. »Was MACHST du denn da bloß?« – »Ich gucke nur was.« Sicher, man muss auch mal die Preise für Handkreissägen vergleichen, youtube nach lustigen Filmchen durchsuchen, das Wetter in Australien überprüfen. Und man wird sich doch wohl mal ein kleines Computerspiel zur Entspannung gönnen dürfen! Oh, schon Mitternacht? Komisch …

Dd

Date [*engl.*], das, -, -s
Klingt irgendwie spannender als Verabredung. Allerdings nur bis maximal 35, danach wird es eher albern, von »Date« zu sprechen, da trifft man sich dann auf einen »Drink« oder geht zusammen »lunchen«. Ganz Altmodische sagen »Rendezvous«, aber dass sich zwei einfach »treffen«, weil sie sich mögen, das wäre dann doch zu einfach.

Dessous, *siehe* → *Unterwäsche*

Diät, die, -, -en (*path. für* Ich-bin-zu-dick)
Es soll auch Männer geben, die eine Diät machen, aber sie tarnen sich gut. Die meisten Frauen hingegen fangen mindestens einmal im Jahr mit einer mehr oder weniger komplizierten Nahrungseinschränkung an. Diät

bedeutet nie, dass man einfach weniger isst, es bedeutet rechnen, vergleichen, abwiegen. Mal heißt es, nach 14 Uhr gar nichts essen, mal morgens nur Obst. Mal wird alles getrennt gegessen, mal alles püriert. Männer halten sich am besten raus, die meisten Frauen sind intelligent genug, recht balddie Vergeblichkeit / Unergiebigkeit eines solchen Unterfangens zu erkennen. Ach ja, und die Frage: »Findest du, ich bin schon dünner geworden?« ist eine klassische → *Fangfrage*, denn ein »Ja« führt ebenso zu Hysterie (»Das heißt, du fandest mich doch zu → *dick*?!«) wie ein »Nein« (»Waaas? Du findest mich immer noch zu → *dick*?«).

dick [*Unw.*]
Unbedingt zu vermeidendes Adjektiv in Paarbeziehungen. Egal in welchem Zusammenhang. Besonders prekär sind Aussagen wie »Pommes machen dick« (wenn er sich Fast Food genehmigt) oder »Darin siehst du irgendwie dick aus« (wenn sie ein neues Kleid vorführt) – ein Satz, der auch durch den Zusatz »dabei bist du das ja gar nicht« nicht wieder getilgt werden kann (*vgl. auch* → *Fangfrage*, → *Partnerdilemma*).

Dick-und-Doof-Film, der; -s, -e (*Hyp. für* Slapstick)
»Dick und Doof«, »Die kleinen Strolche« oder »Väter der Klamotte« – alle Kinder können sich darüber schlapplachen. In der Pubertät ändert sich bei Mädchen der Sinn für Humor, Jungen hingegen sind offenbar zu beschäftigt mit anderen Dingen. Wenn Stan, Ollie & Co. gerade nicht verfügbar sind, geht bei erwachsenen Männern auch »Upps, die Pannenshow« o.Ä. Was für Ärger mit der Fernbedienung sorgt, denn Frauen finden es meist inakzeptabel zuzugucken, wie Omas vom Fahrrad fallen und Kinder gegen Schaukeln laufen.

Dirty Harry, *Polizeifilm von 1971*
Auch wenn Frauen Clint Eastwood super finden, mit diesem → *Jungsfilm* par excellence können sie meist gar nichts anfangen. Die ganze Zeit Geballer, Verfolgungsjagden und Schlägereien, keine Liebe weit und breit. Und das, obwohl Clint die Hauptrolle spielt. Für die meisten Männer dagegen ist Dirty Harry ein Held und ein Film, den man gar nicht oft genug sehen kann.

Diskussion, die; -, -en (*euph. für* Streit, Zoff)
Eine Diskussion zwischen Mann und Frau folgt gewissen Regeln. Regel Nr. 1: Sie fängt den Streit an. Regel Nr. 2: Sie weiß, wer recht hat (sie). Regel Nr. 3: Sie hat immer das letzte Wort. – Alles, was er sich dann noch zu sagen traut, ist der Beginn einer neuen Diskussion.

Eastwood, Clint, *siehe → Dirty Harry*

Ehe, *siehe → Antrag, → Lebensplanung*

Evel Knievel, *amerikanischer Stuntman* (1938–2007)
Heutzutage spielen kleine Jungen Bob, der Baumeister. Früher spielten kleine Jungen Evel Knievel. Der Typ hat mal versucht, mit seinem Motorrad über die Springbrunnenanlage vor dem Caesar's Palace in Vegas zu springen. Hat nicht geklappt: 40 Knochenbrüche, 29 Tage Koma. Aber danach ging's direkt weiter. Über 13 Busse springen und so. Kein Wunder, dass dieser Motorradstuntman immer noch ein Held für viele Männer ist, oder? (Frauen, die sich mit Evel-Knievel-Stunts auskennen, fahren unter Umständen mehr Pluspunkte ein als durch Auswendiglernen des Kamasutra.)

Eifersucht, die, -, -en

»Eifersucht ist eine Leidenschaft, die mit Eifer sucht, was Leiden schafft.« Hat Franz Grillparzer gedichtet – und mehr gibt es dazu eigentlich nicht zu sagen. Außer vielleicht, dass in einer Beziehung immer eine(r) eifersüchtiger ist als der / die andere. Und das ist das eigentliche Problem.

einkaufen ←→ *shoppen*

♀ Regelmäßige Tätigkeit, um Mahlzeiten und das Vorhandensein von Hygieneartikeln zu gewährleisten. Eine → *Einkaufsliste* wird als sinnvolles Hilfsmittel anerkannt.

♂ Unangenehme Aufgabe zum überraschenden Zeitpunkt. Die Notwendigkeit eines Einkaufs wird erst dann erkannt, wenn der Kühlschrank leer bzw. das Toilettenpapier alle ist. Leider decken sich die Öffnungszeiten der Geschäfte nicht unbedingt mit dem Moment der Erkenntnis.

Einkaufsliste, die, -, -n

»Hast du an die Oliven gedacht? – Oliven? – Ja, Oliven. Für das Pesto. – Welches Pesto? – Heute Abend. Gäste. Nudeln. Dazu Pesto. Dafür braucht man Oliven. – Ach so. Wusste ich nicht. – Du wusstest nicht, dass man für Pesto Oliven braucht?? – Doch. Nein! Müsste ich? Auf jeden Fall wusste ich nicht, dass ich welche kaufen soll!!! – Aber das stand doch auf der Liste! – Welche Liste? – DIE EINKAUFSLISTE!!! – Ach so. Die hatte ich nicht mit.«

einparken (*syn. für* bekanntestes Geschlechterklischee)
»Warum Männer nicht zuhören und Frauen schlecht einparken« – so heißt ein Buch, das Steinzeit, Neandertaler & Co. für weibliche Defizite im Einparkverhalten verantwortlich macht. Tatsächlich gibt es Studien, die beweisen, dass Frauen weniger Gene fürs räumliche Vorstellungsvermögen abbekommen haben. Überhaupt gibt es eine Menge Studien zum Thema; u. a. hat man herausgefunden, dass 27 % der Frauen meinen, die Einparkkünste nicht zu beherrschen (aber nur 15 % der Männer), und dass vier von zehn Frauen beim Einparken Schweißausbrüche bekommen (aber nur jeder zehnte Mann!). Dieselbe Studie hat übrigens zutage gefördert, dass Männer beim ersten Rendezvous ins Schwitzen kommen … Alles eine Frage der Übung.

Eiskunstlauf, der; -s, *nur Sing.*
♂ (*syn. für* unnatürliche-Bewegungen-zu-schrecklicher-Musik) Überschminkte Persönchen in Strumpfhosen und Paillettenkostüm schleudern sich zu blechern klingender Musik übers Eis oder – noch schlimmer – lassen sich von einem Mann in engen Hosen übers Eis werfen (= Paarlauf). Warum guckt sie das?

♀ *(syn. für* herrlich-entspannter-Sonntagnachmittag*)* Seltsamerweise hat Eiskunstlauf auch auf kitschresistente Frauen eine hypnotische Wirkung. Wahrscheinlich eine Art Mädchentraum: Toll aussehen, sportliche Leistung bringen und immer vom Mann aufgefangen werden. Selbst verständnisvolle Partner müssen spätestens nach dem ersten Rittberger den Raum verlassen. Ein ähnliches Phänomen tritt auf, wenn Paare beim Zappen an Formationstanz bzw. → *Kung-Fu-Filme* geraten.

emanzipierter Mann [*Neol.*], der; -en -es, -e Männer
Der → *Chauvi* bzw. Macho würde ihn vermutlich Weichei nennen: Er nimmt Elternzeit und wickelt Babys mit einem Lächeln, hält seiner Frau den Rücken frei, kocht mit großer Selbstverständlichkeit mehrgängige Menüs und hält die Wohnung in Schuss wie Meister Proper persönlich. Kurz: Emanzipierte Männer sind das, wofür die Frauenbewegung seit Jahrzehnten kämpft. Tatsächlich gibt es inzwischen eine Menge zumindest teil-emanzipierter Männer. Und vielleicht reicht das ja. Denn nicht alle Frauen sind 100 %ig sicher, ob 100 %ig emanzipierte Männer wirklich der Weisheit letzter Schluss sind (s. o.) …

entscheiden, *siehe → Optionsparalyse*

erinnern, jdn, *transitives Verb*

In der transitiven Form kann diese Vokabel beide Partner direkt in den Wahnsinn führen: Sie erinnert ihn an Dinge, an die er entweder nicht erinnert werden will, weil sie ihm schlechte Laune machen (verstopftes Abflussrohr, → *Vorsorgeuntersuchung*, Dachbodenentrümpelung) oder an Dinge, die er trotz mehrfacher Anmahnungen ihrerseits sowieso im entscheidenden Moment vergisst (Muttis Geburtstag, Kündigung des Handyvertrags, Toilettenpapier kaufen), was ihr wiederum schlechte Laune macht (*vgl. auch → HastDuschon).*

Esoterik, *siehe → Yin und Yang*

essen, *siehe → Mahlzeit, → Pizzabringdienst-Syndrom*

Ex, die oder der; -es?, -en? (*ugs. für* ehemalige / r Freund / in)

Obwohl eigentlich jede(r) mehrere davon hat, fällt die Pluralbildung schwer (s. o.) und die Deklination (s. o.) sowieso. Was vielleicht nicht so schlimm ist, schließlich will der aktuelle Partner die Exe weder durchdeklinieren noch sich abschließend über die Summe der Vorgänger(innen) informieren.

Familienfest, das; -es, -e (*euph. für* Dynamit)

Paare haben es nicht mehr mit schlichten Familienfesten zu tun, sondern immer mit einem Fest der einen oder anderen Familie. Im Idealfall lehnen entweder beide Partner solche Feste generell ab oder sind beide totale Partyfreaks, so dass es ihnen egal ist, mit wem und bei wem sie feiern. Dieser Idealfall ist wie alle Ideale äußerst selten in der Realität anzutreffen. Deshalb geht jedem Familienfest allzu oft ein Paardisput voraus: »Müssen wir da hin? Wir bleiben auf keinen Fall über Nacht! Und wenn deine Mutter wieder mit dem Thema Enkelkinder anfängt, gehe ich sofort. Hoffentlich gibt es nicht wieder Schweinebraten, das steh' ich nicht durch. Können wir nicht zu Hause bleiben? Nur dieses eine Mal!!!«

Fangfrage, die; -, -n (*auch:* die falsche Frage)
»Liebst du mich (noch)?«, »Was denkst du?«, »Wie sehe ich aus?«, »Findest du mich zu dick?«, »Soll ich mir die Brüste operieren?«, »Ganz ehrlich: Wärst du lieber mit Cameron Diaz zusammen?«, »Meinst du, wir haben genug Sex?« Praktisch alle Frauen sind Meisterinnen der Fangfrage. Manche werfen ganze Fangfragennetze aus. Die Fangfrage klingt harmlos, ist aber definitiv der Beginn einer nicht endenden Diskussion. Fangfragen kann man nur falsch beantworten, deshalb ist → *schweigen* eine durchaus plausible Option. Nur Todesmutige stellen eine Gegenfrage.

Fehlkaufverdrängungsmechanismus, der; -, ...men (*med. für* Erinnere-mich-bloß-nicht-an-diesen-Pullunder)
An der Optimierung dieser Verdrängungskompetenz arbeiten Frauen ihr Leben lang. Denn auch versierte Shoppaholics nehmen in der Euphorie einer gut laufenden Tour immer mal etwas mit, das sich sehr bald als Fehlkauf entpuppt. Meist ein Kleidungsstück, und meist ahnt sie schon beim Bezahlen: Das ist es

nicht ... Zu Hause wird der Fehlkauf weit hinten in den Schrank geschoben – vielleicht eher was für die nächste Saison. Wenn der Verdrängungsmechanismus jetzt nicht funktioniert oder vom Mann durch unpassende Bemerkungen (»Du hast doch da noch diesen teuren Pullunder!«) sabotiert wird, kann kurzzeitig sehr schlechte Laune auftreten. Experten raten, sich dem Problem zu stellen und den Fehlkauf sofort der Kleidersammlung zu übereignen.

Fernbedienung, *siehe* → *Eiskunstlauf,* → *Formel Eins,* → *Kung-Fu-Film,* → *Vorabendserie*

fernsehen ↔ *Sex*

Diese Nicht-Tätigkeit ist der gefürchtete Feind einer Beziehung. Deshalb möchte auch kein Paar zugeben, dass es abends fernsieht – noch nicht einmal vor sich selbst. »Lass uns mal kurz Nachrichten sehen« ist der Eröffnungssatz für einen Abend ohne große Gespräche und gemeinsame Erlebnisse jeglicher Art. »Haben Sie einen Fernseher im Schlafzimmer?« ist denn auch die Eröffnungsfrage jedes Paartherapeuten.

Finanzen, *siehe* → *Geld*

Formel Eins, die; -, *nur Sing.*

♀ Autos fahren im Kreis, machen Lärm und verpesten

die Umwelt, die Sieger werden von halb nackten Frauen literweise mit Champagner übergossen und verdienen auch noch abartig viel Geld fürs Autofahren – geht's noch???

♂ Schön schnell, schön laut, schöne Maschinen (= Motor + Rest), schöne Frauen. Auch wenn er sagt, »Formel Eins ist nicht mehr das, was es mal war«, er hält beim Durchzappen zumindest kurz inne.

Frauenabend, der; -s, -e

Prosecco, Salat und der neueste Klatsch. OK, so geht es nicht bei allen Frauenabenden zu. Immer gleich aber ist das Ende: Hoher Alkoholpegel, aber trotzdem korrekter Umgang mit der Rechnung. Die Summe ist 68 Euro? Alle vier Frauen rechnen: 68 : 4 + 10 % vom Ergebnis (zur Not wird ein Taschenrechner gezückt) = der Betrag, den jede zu zahlen hat. Und natürlich wird eine Quittung geordert – wofür auch immer. Korrekt. Und so anders als beim → *Männerabend.*

Frauenfilm, der; -s, -e (*vgl. auch* → *Jungsfilm*)

Film, in dem Liebe eine große Rolle spielt, Witz eine Nebenrolle und Action gar keine Rolle. Selbstverständlich dürfen auch Männer in Frauenfilme gehen, tun sie auch, aber eher als Liebesopfer oder Geschenk zum → *Jahrestag.* Oder als Argument, damit sie dann auch mit in »Angriff der Roboter-Aliens« kommt. Üblicherweise allerdings gehen Frauen mit Freundinnen in Frauenfilme, um danach bei einer → *Weißweinschorle* die Handlung noch mal detailliert aufzuarbeiten.

Frauenversteher, der; -s, - (*abw. für* Traummann)
Er bereitet Wärmflaschen zu und erträgt Casting Shows, ohne zu lästern. Er trägt den Müll runter oder raus und kauft ohne Aufforderung ein. Er sagt Sätze wie: »Gönn dir doch einen Wellness-Tag, Schatz!« und »Dein Chef weiß gar nicht, was er an dir hat«. Er hört zu und antwortet in vollständigen Sätzen, niemals würde ihm ein bloßes → »*Hmmh*« über die Lippen kommen. Er tröstet und hilft und wertschätzt und liebt und, und, und: Ein Frauenversteher ist der moderne Gentleman und der Traum aller Frauen. Der leicht abwertende Gebrauch des Worts begründet sich in den meisten Fällen auf Neid und / oder unerfülltem Wunschdenken.

Freizeitstress, der; -es, *nur Sing.* (und das reicht ja schon)
Sie trifft ihre Freundinnen, er trifft seine Freunde, sie treffen ihre gemeinsamen Freunde. Sport, → *Familienfeste*, Kino, Theater etc. – da ist man so beschäftigt, dass man sich kaum noch mit dem Partner / der Partnerin beschäftigt. Dieses Phänomen der Neuzeit nennt sich Freizeitstress und beschäftigt immerhin viele Paartherapeuten (*vgl. auch* → *Paartag*).

Freund, der; -es, und **Freundin,** die; -, *beide nur Sing.*

Sehr unbefriedigende Vokabeln für den Liebsten und die Liebste. Klingt nach Teenager und »Willst du mit mir gehen? Bitte ankreuzen: ja – nein«. Solche Assoziationen möchte man als Erwachsener weder bei sich selbst noch bei anderen wecken. Noch schlimmer ist Partner / Partnerin, das hört sich nach Fahrgemeinschaft und der Verkehrssicherheitskampagne von 1971 (»Hallo Partner, danke schön!«) an. Verheiratete Paare sind hier deutlich im Vorteil: Mein Mann / meine Frau klingt zwar ein bisschen nach den eigenen Eltern, ist aber immer noch die beste Wahl, weshalb viele Unverheiratete ihre Liebsten auch so bezeichnen – Trauschein hin oder her.

Freundin, beste, die; -, *nur Sing* ←→ **Freund, bester**, der; -es, -e

Viele Frauen brauchen eine beste Freundin, während Männer nicht unbedingt einen besten Freund brauchen, sondern meist mehrere gleichwertige Freunde haben, die dann allerdings Kumpel(s) heißen. Die übrigens auch nicht notwendigerweise sofort kontaktiert werden müssen, wenn man etwas Schreckliches / Schönes erlebt oder gehört hat. Was Frauen mitunter sehr verwundert: »Hast du Torsten gar nicht erzählt, dass wir heiraten wollen?« (*Vgl. auch* → *Relevanz-Schere,* → *telefonieren.*)

Frisur, *siehe* → *Bad-Hair-Day*

FünfMinuten, *ohne Art., nicht dekl., nur Plur.*
Eine mehr oder weniger inhaltsleere Floskel, mit der Frauen wartenden Männern ein Gefühl der Endlichkeit des Wartens vermitteln wollen. Dabei meint FünfMinuten aber das Gegenteil von 5 Min., nämlich eher so etwas wie »Das kann noch dauern, ich bin gerade mal bei der Feuchtigkeitscreme« (Frau im Bad) oder »Hetz mich nicht, wir haben gerade erst ein interessantes Thema angerissen« (Frau beim Telefonat mit der Freundin). Wenn Männer allerdings FünfMinuten sagen, sollten sie sich unbedingt daran halten, sonst droht eine längere → *Diskussion* zum Thema → *Zeit*.

Füße, kalte, die; -, *nur Plur.* (*vgl. auch* → *Temperatur*)
Ja, auch im Hochsommer können Frauen kalte Füße haben, abends zum Beispiel oder nach langem Stillsitzen in Wohnungen ohne Auslegeware. Glücklich macht man Frauen mit Fußbodenheizung, wärmenden Fußmassagen und / oder → *Wärmflasche*.

Gadget [*engl.*], das; -s, -s (*Fachterm. für* Männerspielzeug) Laut Englisch-Wörterbuch heißt Gadget unter anderem Gerät, Apparat oder technische Spielerei. Letzteres sind Dinge, die klein und handlich sind, deren Funktionalität sich nicht sofort erschließt und die außerdem den Spieltrieb des Mannes hinreichend befriedigen. Die bekanntesten Gadgets sind die Geräte, die Q für →*James Bond* konzipiert hat, damit der seine Feinde überraschen kann. Ein Kugelschreiber mit Giftpfeil zum Beispiel, eine Kamera mit Geigerzähler oder eine Uhr mit Würgeseil. Moderne Gadgets aus der realen Welt sind zum Beispiel ein Flaschenöffner mit Bierzähler, ein USB-Raketenwerfer für den PC (ja, der schießt kleine Schaumstoffraketen durchs Büro), ein ferngesteuertes Mini-U-Boot für die Badewanne oder elektronische Drumsticks (egal, wie man damit rumfuchtelt, dank eingebauter Sounds kommt man rüber wie ein Superstar). Frauen haben so was zuletzt witzig gefunden, als es noch YPS gab.

Gebrauchsanweisung, die; -, -en (*vgl. auch* → *Stadtplan*)
♀ ein unentbehrliches Schriftstück zur Bewältigung neuer → *Geräte*
♂ [*Fremdw.*] Gebrauchsanweisungen werden nicht beachtet und schon gar nicht gelesen. Entweder das Gerät erschließt sich durch das Trial-and-Error-Verfahren oder es landet in der Ecke (»Billige China-Ware. Kann ja nicht funktionieren«).

Gedächtnis, das; -ses, *nur Sing.* (*siehe auch* → *ausrichten,* → *erinnern*)
Natürlich ist das Gedächtnis bei Männern und Frauen gleich groß. Nur die gespeicherten Informationen variieren sehr stark. In einem Frauengedächtnis finden sich Geburts- und Hochzeitstage, → *Einkaufslisten*, Namen der Kinder von Prominenten, Namen von flüchtigen Bekannten, Vorlieben von Familienmitgliedern, Handlungsstränge von Daily Soaps. In einem Männergedächtnis finden sich je nach Interessen Daten und Fakten zu → *Autos* / Flugzeugen / Panzern / Raumfähren etc., Namen von Sportlern und / oder Planeten, Austragungsorte von Olympischen Spielen und / oder G-8-Konferenzen, Filmzitate aus mehreren Jahrzehnten.

Die Schnittmengen sind sehr gering, wenn überhaupt vorhanden – die perfekte Voraussetzung für eine gute Partnerschaft, würde man meinen. Immerhin geht der Gesprächsstoff nie aus.

Geld, das; -es, -er

Auch bei getrennten Konten und bei größtmöglicher partnerschaftlicher Toleranz: Wenn der Mann mit neuen High-End-Boxen nach Hause kommt, hört der Spaß auf: »2 000 Euro für Lautsprecher? Spinnst du??? Wir haben außerdem zu jeder Anlage schon Lautsprecher!« Genauso wenn sie vergisst, das Preisschild von ihren neuen → *Manolo Blahniks* abzufieseln: »400 Euro für Schuhe? Bist du irre??? Du hast doch außerdem schon ein Paar braune Sandalen!« In solchen Situationen hilft es weder, die unbedingte Notwendigkeit des jeweiligen Kaufes zu erklären, noch darauf hinzuweisen, man habe das Geld schließlich selbst verdient.

Geräte, elektronische, die; -, *nur Plur.*

♀ Uninteressant. Hauptsache, sie funktionieren.

♂ Unentbehrlich. Alles, was man mit Strom oder Batterie betreiben kann, zieht die meisten Männer seit Kindertagen magisch an. Elektromarkt-Prospekte sind gut (falsche Frage: »Seit wann interessierst du dich für Rasenmäher?«), Elektromarkt-Begehungen sind besser (falsche Aussage: »Komm jetzt! Wir haben doch schon eine Digitalkamera!«), Elektrogeräte-Kauf ist das Größte (falsche Reaktion: »WAS SOLLEN WIR DENN MIT EINEM EXZENTERSCHLEIFER???«).

Geschenkpapier, das; -s, -e
Frauen, die einen Mann haben, der ihnen einfach so Geschenke macht, können sehr froh sein. Frauen, die einen Mann haben, der ihnen einfach so liebevolle Geschenke macht, können extrem froh sein. Keine Frau sollte erwarten, dass diese Geschenke vom Partner selbst eingepackt werden. Vielleicht handelt es sich um ein nicht aufgearbeitetes Trauma aus dem Bastelunterricht, jedenfalls sind das Geschenkpapier und der Mann natürliche Feinde: Papierverschwendung, wird doch eh gleich wieder ausgepackt, was Rundes kann man gar nicht einpacken – und was spricht eigentlich gegen die Tüte des Herstellers?

Gleichmut, männlicher, *siehe → Hmmh, → ManMüsste-Mal*

grillen (*Unt., evol.-gesch. eigentlich*: ernähren)
Im Prinzip eine Tätigkeit, die ausgeübt wird, um Fleisch in einen essbaren Zustand zu versetzen. Heißt normalerweise braten, ist unspannend bis lästig, kann auch von Frauen durchgeführt werden. Durch das Vorhandensein von Feuer und Publikum erinnert sich der

Mann allerdings plötzlich an seine Bestimmung des Ernährers. Das profane »braten« wird zu »grillen« und somit zu einem Auftrag, den nur Berufene (= Männer) erfüllen können. Je länger der Akt dauert, desto heller leuchtet das Licht über dem Ausführenden.

Hh

Harry und Sally, *US-Liebeskomödie von 1989 mit Billy Crystal und Meg Ryan*

Dieser Lieblingsfilm vieler Frauen (der seltsamerweise auch von Männern geschätzt wird) dient als Beweis dafür, dass erstens Männer und Frauen nicht nur befreundet sein können und zweitens Frauen total super einen Orgasmus vortäuschen können. Außerdem enthält der Film die absolut beste Szene zum Thema → *Möbelzusammenführung*: Es geht um einen Couchtisch, der aus einem Wagenrad plus Glasplatte besteht …

Hase-Liebling-Schatz(i), der, der, das, *selten Genitiv*

So sagen andere, aber wir doch nicht! Hm. Guter Plan, aber dann sagt man es aus Spaß zu Hause und plötzlich aus Spaß in der Öffentlichkeit. Irgendwann sagt man es dauernd, und das ist dann kein Spaß mehr.

HastDuSchon, *ohne Art., nicht dekl., nur Sing.*
Weiblich für »Ich weiß, dass du noch gar keine Zeit hattest, aber ich frage trotzdem mal, weil ja vielleicht ein Wunder geschehen kann, und ja, ich könnte es auch selbst machen, aber andererseits hattest du doch gesagt, du machst es. Wann denn nun?«

Hausschuhe, die; -, *nur Plur.*
Männer mögen keine Hausschuhe und auch keine Frauen, die Hausschuhe tragen. Frauen mögen keine Hausschuhe und erst recht keine Männer, die Hausschuhe tragen. So weit, so passend. Nur: Frauen müssen Hausschuhe anziehen, weil sie sonst unweigerlich → *kalte Füße* bekommen. Wo bleibt also der Erfinder des vorzeigbaren Hausschuhs? Er könnte → *Manolo Blahnik* in Vermögen und Ansehen locker in die Tasche stecken. Denn auch Männer in Strümpfen sind nicht so richtig sexy.

Heirat, *siehe* → *Antrag*, → *Lebensplanung*

heulen (*auch:* weinen, schluchzen, flennen)
Ja, natürlich gilt der Satz »Ein Indianer kennt keinen Schmerz« im 21. Jahrhundert nicht mehr, natürlich dürfen Männer genauso viel heulen wie Frauen, ohne dass sie deshalb als Weicheier gelten. Fakt ist aber, dass Frauen einfach mehr Heulanlässe kennen, da sind

dem männlichen Tränenvolumen offenbar natürliche Grenzen gesetzt. Frauen können nämlich bei traurigen Filmen und bei schönen Filmen heulen, beim Anblick kleiner Tiere und kleiner Babys, bei Geschichten über Geburten, ferner vor Wut und vor Freude. Auch wenn die Staumauern bei jeder Frau unterschiedlich hoch sind – im Prinzip gibt es kaum ein Ereignis, das nicht zu einem sofortigen Brechen der Dämme führen kann.

Hochzeitstag, *siehe → Jahrestag*

Hmmh (*euph. für* Ich-tu-nur-so-als-ob-ich-zuhöre)
»Übermorgen ist die Geburtstagsfeier deiner Mutter! – Hmmh. – Wir schenken ihr ja diese Silberschüssel. – Hmmh. – Meinst du, wir sollten sie noch gravieren lassen? – Hmmh. – Dann müsstest du sie aber heute noch zum Graveur bringen. – Hmmh. – Und morgen wieder abholen. – Hmmh.«
Zwei Tage später: »Schatz, wir müssen gleich los! Wo ist das Geschenk? – Welches Geschenk?«

Horoskop, das; -s, -e
Wird ausschließlich von Frauen gelesen (was nicht heißt, dass alle Frauen Horoskope lesen). Nicht dass diese Frauen unbedingt glauben, was da steht. Aber sie lesen es und sie lesen es auch manchmal vor. Irgendwie könnte ja was dran sein. Und sie berechnen auch gern

den Aszendenten des Mannes und ihren eigenen und finden dann heraus, ob die beiden Sternzeichen zueinanderpassen. Wenn ja: Super. Wenn nicht, werden sie entweder passend gemacht (durch den 2. oder 3. Aszendenten oder durch die Kraft der Phantasie), oder Sternzeichen werden generell für überschätzt erklärt. Man muss schließlich flexibel sein.

Humor, *siehe* → *Dick-und-Doof-Film*

hysterisch, *siehe* → *sensibel*

IchHabeNichtsAnzuziehen *ohne Art., nicht dekl., nur Sing.*

Weiblicher Stoßseufzer vor dem Kleiderschrank, oft unmittelbar gefolgt von mehrfachem Umziehen und schlechter werdender Laune. Spätfolgen: Exzessives → *Shoppen*.

Ich-wurde-vom-Chef-gelobt-Syndrom [*Neol.*], das; -s, *nur Sing.*

»Also heute habe ich einen super Deal abgeschlossen … MONOLOG … und dann hat unser Chef gesagt, wenn alle so wie ich … MONOLOG … und dann habe ich noch … MONOLOG … Und wie war dein Tag?« (Die letzte Frage ist gegebenenfalls zu streichen.) – Wenn Frauen haarklein eine Bürostory nacherzählen, geht es um zwischenmenschliche Beziehungen der

Kollegen. Wenn Männer eine Bürostory erzählen, geht es um ihre Erfolge. Wie toll ihr Vortrag war, wie sie dem Kollegen XY mal gezeigt haben, wo der Hammer hängt, und – am allerallerliebsten – wie sie vom Chef gelobt wurden. Das muss raus! Ist übrigens nicht unbedingt angeberisch gemeint, aber es ersetzt vermutlich das Ur-Erfolgsgefühl, mit einem erlegten Mammut nach Hause zu kommen.

Ignoranz, *siehe → Hmmh, → ManMüssteMal, → Sehen, selektives*

immer (*vgl. auch → nie*)
Inflationär gebrauchtes Adverb in Paarbeziehungen. Immer-Sätze werden vor allem von Frauen benutzt, um Unmut zu bekunden: Immer lässt du deine Kaffeetasse rumstehen, immer muss ich einkaufen, immer willst du Fußball gucken.

Insektenphobie, die; -, -n (*von griech.* phobia = Furcht)
Fast jede Frau hat irgendeine, wobei Furcht meist stark untertrieben ist, Hysterie trifft es genauer. Die Hitliste der grauenerregenden Monsterinsekten setzt sich wie folgt zusammen. Platz 1: Spinnen, vor allem die mit haarigen Beinen. Platz 2: Kellerasseln, vor allem wenn sie in Hundertschaften auftreten. Platz 3: Raupen, Würmer und was sich sonst so windet (wir spre-

chen hier natürlich nur von einheimischen Tieren). Der Sichtung des Insekts folgt meist unmittelbar ein markerschütternder Schrei, dann die Flucht oder das Erklimmen von Möbeln. Männer wenden sich in dieser Situation häufig mit eher genervten Blicken ab – ein Fehler. Ihre Vorfahren wären froh gewesen, so leicht die Höchstpunktzahl als Retter in der Not einzufahren. Besser als ein Rudel Wölfe abzuwehren, oder?

Intimsphäre, die; -, -en (*von lat.* intimus = zuinnerst *und griech.* sphaira = Hülle)

Am Anfang der Beziehung ist die Hülle groß und das Innerste weitgehend unbekannt. Was sich im Laufe der Jahre ins Gegenteil verkehrt und gerade deshalb oft zum Ende einer Beziehung führt (*vgl. auch* → *Zähneputzen*).

Jahrestag, der; -s, *nur Sing.* (*neutr. für* extrem-wichtiger-Tag-auf-keinen-Fall-vergessen)

Emotional stark besetzte Vokabel. Unbedingt rechtzeitig die gegenseitigen Erwartungen ausloten und ggf. anpassen!

Jahrgang, der; -s, *Plur.* …gänge

Die Frage »Na, welcher Jahrgang?« wird nicht ohne Grund nur von Menschen über vierzig gestellt. Dann nämlich kommt eine Jahreszahl irgendwie harmloser rüber als ein Zahlwort. Vor allem Frauen sprechen trotz aller Emanzipation ab einem gewissen →*Alter* nicht gerne über selbiges – während Männer sich und anderen gerne einreden, dass es sich bei ihnen verhält wie bei guten Rotweinen: Je reifer desto besser – und auch dazu passt die Vokabel »Jahrgang« ganz hervorragend.

Jogginghose [*NG*], die; -, -n (*syn. für* Ende-der-Leidenschaft)

Sie ist der Inbegriff von Unsexyness. Am Anfang einer Beziehung würde man sich lieber nackt unter eine Neonleuchte stellen als der Traumfrau / dem Traummann in ausgeleierter Jogginghose gegenüber zu treten. Im Verlauf einer Beziehung deshalb immer an Charles Aznavour denken: »Ja, früher warst du lieb und schön. Du lässt dich gehen, du lässt dich gehen.«

Johansson, Scarlett, *amerikanische Schauspielerin*

Traumfrau fast aller Männer (auch wenn sie es nicht zugeben), denn sie ist blond, jung und üppig. Aus denselben Gründen ist sie das natürliche Feindbild fast aller Frauen (auch wenn sie es nicht zugeben), wobei die Adjektive leicht abgewandelt werden in: wasserstoffblond (= gefärbt!), zu jung (= kann ja nix können!) und ein bisschen ordinär. PS: Man nennt es auch Neid, aber das würde niemals jemand zugeben.

Jungfrau, die; -, -en

Wo sind sie bloß geblieben, die Jungfrauen? Im Märchen war diese Bezeichnung eine Auszeichnung für Frauen, zumindest solange sie sich im heiratsfähigen → *Alter* bewegten. Noch in den 50er Jahren war es eine Selbstverständlichkeit für unverheiratete Frauen. Dann kamen die wilden 60er und 70er – hier wurde das Wort »Jungfrau« fast zum Schimpfwort; junge Mädchen hatten es sehr eilig, ihre Jungfräulichkeit abzulegen. Und dann ist die Vokabel irgendwie in Vergessenheit geraten. Gibt es eigentlich nur noch im Märchen (s. o.). Und in den USA.

Jungsfilm, der; -s, -e (*ugs. für* Männerfilm)

Film, in dem Action eine große Rolle spielt, Witz eine Nebenrolle und Liebe gar keine Rolle. Selbstverständlich dürfen auch Frauen in Jungsfilme gehen, tun sie auch, aber eher als Liebesopfer oder Geschenk zum → *Jahrestag*. Oder als Argument, damit er dann auch mit in »Hochzeit auf Umwegen« kommt. Üblicherweise allerdings gehen Männer mit Kumpels in Männerfilme und danach vielleicht noch was trinken. Der Film allerdings wird in den Gesprächen im weiteren Verlauf des Abends nicht mehr erwähnt. Schließlich reicht eine Kurzkritik (= »Cooler Film«) direkt zu Beginn des Abspanns (*vgl. auch* → *Frauenfilm*).

Kk

Kaufrausch, der; -s, *nur Sing.* (*ugs. für* zwanghaftes Konsumverhalten)

Männer sind eher selten betroffen (im Elektro- oder Baumarkt, evtl. in der CD / DVD-Abteilung), Frauen hingegen sind äußerst anfällig für diese Art der Impulshandlung. Kaufrausch tritt meist phasenweise auf, z. B. bei berechtigter Hoffnung auf besondere → *Schnäppchen* (Schlussverkauf, Lagerverkauf, Räumungsverkauf), saisonal bedingt (Vorweihnachtszeit, Sommerbeginn, Winterbeginn, Urlaubsvorbereitung) oder zur vermeintlichen Problembewältigung (Frustkäufe). In Zeiten des Internet allerdings kann der Kaufrausch unvermittelt und grundlos über die Betroffene hereinbrechen und wird dann auch als »Ebayrausch« bezeichnet.

Kinderfrage, die; -, *nur Sing., (die* eine *Frage, kann aber mehrmals gestellt werden)*

Eigentlich ist der Mensch ja darauf programmiert, für Nachwuchs zu sorgen. Aber wo früher der Sexualtrieb zur Arterhaltung ausreichte, gibt es in Zeiten immer besser funktionierender Verhütungsmethoden zwischen Paaren in der Kinderfrage mehr Streit als zwischen Parteimitgliedern in der Kanzlerfrage. Denn meistens möchte einer der Partner auf jeden Fall und am besten sofort, der andere hingegen theoretisch zwar schon, aber nicht jetzt und auch nicht nächstes Jahr, sondern eher irgendwann vielleicht. Und ja, es ist meistens die Frau, die mit der »Wenn-nicht-jetzt-wann-dann?«-Variante die K-Frage vorantreibt (*vgl. auch* → *Uhr, biologische*), während der Mann gerne mit dem »Ich-bin-noch-nicht-bereit-für-diese-Verantwortung«-Argument abblockt (*vgl. auch* → *Verantwortungspsychose).* Komischerweise sorgt eine geschaffene Tatsache meist für einen Wandel vom Zweifler zum Vater der Nation.

Kindernamen, die; -, *nur Plur.*

Frauen erstellen schon mit sechs Jahren eine Liste von Namen für ihre fünf bis zehn Kinder, die laufend aktualisiert wird. Entsprechend verstört sind sie, wenn Männer nichts Derartiges vorweisen können, ja sogar meinen, sie wüssten nicht, wie sie ihr erstes (noch nicht gezeugtes) Kind nennen würden.

kochen (*vgl. auch* → *Pizzabringdienst-Syndrom*)
Kochen ist nicht gleich kochen. OK, es gibt Ausnahmen, aber sehr oft läuft es so: Frauen kochen, Männer inszenieren. Sich selbst und das Essen. Kaufen 1000 exotische Zutaten ein, benutzen mehr Schüsseln als Alfred Biolek in seinen besten Zeiten, beschweren sich über die unscharfen Messer und die Abwesenheit und/oder Unauffindbarkeit von lebensnotwendigen Utensilien wie Spitzsieb und Flambierbrenner. Nach dem Koch-Akt sieht die Küche aus, als hätte eine Kindergartengruppe einen Kochwettbewerb veranstaltet. Ja, natürlich räumt er das wieder auf, meine Güte, man ist doch emanzipiert. Aber eben erst nach dem Essen (»Ungemütlich? Wieso? Du musst doch nicht hingucken!«), also am nächsten Morgen. Falls er rechtzeitig aufsteht.

Kommunikation, *siehe* → *reden,* → *schweigen*

Konto, *siehe* → *Geld*

Körbchengröße [*Unw.*], die; -, -n (*ugs. für* BH-Größe)
Hässliches Wort. Die einzigen Menschen, die diese Vokabel straffrei benutzen dürfen, sind Mitarbeiterinnen der Miederwarenabteilung. Alle anderen sollten BH-Größe sagen oder einfach nur »80 C«. Für alle Männer, die sich nicht auskennen, hier die korrekte mathema-

tische Gleichung zur Ermittlung der richtigen Größe: Unterbrustumfang (Maßband *unter* den Erhebungen anlegen!) gerundet auf fünf ergibt die Zahl. Ein Unterbrustumfang von 78 ergibt also die Zahl 80. Der Buchstabe dahinter wird ermittelt aus Brustumfang (Maßband *auf* den Erhebungen anlegen!) minus Unterbrustumfang. Da gibt es dann Tabellen, die besagen, dass z. B. eine Differenz von 14 bis 16 den Buchstaben B ergibt. Männer, die den heiklen Selbstkauf eines Dessous-Arrangements zu Verschenkzwecken nicht scheuen, sollten allerdings lieber nicht an der Frau herummessen, sondern heimlich aufs Schild in einem bereits vorhandenen BH schauen. Da steht meistens alles drauf, was man wissen muss, um mit der Miederwarenverkäuferin ins Gespräch und Geschäft zu kommen.

Kosmetika, *siehe → Badezimmerregal, → Make-up*

krank, kränker, Hypochonder

Männer leiden, Frauen handeln. Sprich: Gehen zum

Arzt oder nehmen Aspirin. Männer nehmen lieber kein Medikament (»Ich möchte nicht abhängig werden« bzw. »Das hilft sowieso nicht«) und gehen auch nicht zum Arzt (»Der findet immer was«), sondern legen sich sofort ins Bett und gucken → *Formel Eins* oder lösen Sudoku. Am zweiten Tag fühlen sie sich »etwas besser, aber immer noch sehr schlapp«. Am dritten Tag können sie schon wieder aufstehen und »eine Kleinigkeit essen«. Oft muss sich die Frau um die Grundversorgung an Tee, Suppe und Mitleid kümmern, was insbesondere dann zu größeren Zerwürfnissen führt, wenn sie der Meinung ist, so schlimm könne es ja wohl nicht sein.

Kühlschrankleiche, die; -, -n (*ugs. für* verdorbenes Lebensmittel)

Die Meinungen über die Funktion eines Kühlschranks gehen oft weit auseinander. Viele Männer gehen offenbar davon aus, dass Vorräte in diesem Gerät automatisch konserviert und deshalb unbegrenzt dort gelagert werden können. Und falls diese Annahme sich als falsch erweist (Schimmel! Verwesung! Versteinerung!), bleibt immer noch ein Rest Hoffnung, dass der wunderbare Kühlschrank die Lebensmittel entweder selbst entsorgt oder so mumifiziert, dass sie später als Pharaonenteile an ein Museum verkauft werden können.

Kung-Fu-Film, der; -s, -e (*cin.:* Subgenre des Martial-Art-Films)

Halb nackte Asiaten stoßen komische Schreie aus und treten wild in der Gegend rum. Eine Handlung ist nicht erkennbar und wahrscheinlich auch nicht erwünscht, denn es geht um Action. Natürlich finden das Männer super, denn sie haben schon als kleine Jungen »Jackie Chan« gespielt – ein Spiel, dass sich den meisten Mädchen genauso wenig erschlossen hat wie »Du-bist-der-grüne-Unimog-und-ich-bin-der-rote-Porsche-und-jetzt-haben-wir-einen-Crash«. Kein Wunder, dass zwanzig Jahre später bei Kung-Fu-Filmen ein erbitterter Streit um die Fernbedienung einsetzt (*vgl. auch* → *Eiskunstlauf*).

kuscheln [*Unw.*, *NG*] ↔ *Sex*

Nein, das ist kein Vorurteil: Das k-Wort existiert im aktiven männlichen Wortschatz nicht (es sei denn, vielleicht, bei → *Frauenverstehern*) – und es gehört nicht unbedingt zu den Favoriten in seinem passiven Wortschatz. Denn kuscheln klingt immer verdächtig nach »Heute Abend läuft garantiert nichts«. Oder: »Findest du nicht auch, dass Sex überschätzt wird?« Uaaarrrghh. Nicht dass Männer grundsätzlich etwas gegen die k-Sache hätten. Aber erstens hätte man doch gern alle Optionen – und zweitens klingt das Wort einfach zu weichgespült!

LI

lagern (*auch:* bevorraten)

Ein eher unbekanntes Verb für die meisten Männer. Doch, man kann auch noch andere Dinge lagern außer Wein. Toilettenpapier zum Beispiel oder Kartoffeln, Waschmittel oder Mineralwasser. Alles Dinge, die man sehr gut auf Vorrat kaufen kann, wie noch etwa 1000 andere Sachen, mit denen man sich das alltägliche (Über-)Leben angenehmer gestalten kann. Unübertroffen sind Frauen in der Vorratshaltung von Schuhen (*vgl. auch → aufbewahren*).

LassMichMalitis [*Neol.*] die; -, *nur Sing.*

Krankheitsbild vor allem bei Frauen, die für einige Momente in ein Rollenbild zurückfallen, das sie schon längst überholt glaubten: Mit den Worten »Lass mich mal« entreißen sie dem Mann Putzlappen, Küchenmesser oder Babysocken – in der festen Überzeugung, dass sie effektiver putzen, bessere Zwiebelwürfel schneiden, schneller das Kind anziehen können. Männer sind hier meist emanzipierter und bekämpfen den LassMich-Malitis-Bazillus mit alternativen Heilmethoden, etwa mit einer Dosis »LassSieMalMachen« – zum Beispiel wenn die Frau einen 6er-Bohrer für einen 5er-Dübel verwendet.

Laune, schlechte, *siehe* → *Bad-Hair-Day,* → *erinnern,* → *Morgenmuffel,* → *PMS*

Lebensgefährte [*Unw.*], der; -ens, *nur Sing.* und Lebensgefährtin [*Unw.*], die; -, *nur Sing.*

Verzweifelter Versuch, den Mann / die Frau an ihrer / seiner Seite trotz Nicht-Verheiratetseins mit einem politisch korrekten Begriff zu belegen. Klingt nach 68er-Kommune, Protesthaltung und Stricksocken, aber immer noch besser als das nicht immer witzig gemeinte »Lebensabschnittsgefährte«. Solche Wortungetüme sind fast noch ein besserer Grund für einen → *Antrag* als die steuerlichen Vorteile (*vgl. auch* → *Freund, Freundin*).

Lebensplanung, die; -, *nur Sing.*

♀ Vorstellung vom Leben im Erwachsenenalter. Wird bereits in früher Jugend ausgearbeitet (Prinz heiraten,

Kinder kriegen, Reitlehrerin werden), später leicht modifiziert (Ausbildung / Studium, Arzt heiraten, Kinder kriegen) und mit Ende zwanzig / Anfang dreißig der Realität angepasst (Karriere machen, Achim heiraten, Kind kriegen). Frauen bleiben flexibel; wichtig ist vor allem ein nie versiegendes Gespräch über dieses Thema.

♂ Im besten Fall ein Fremd-, im schlimmsten Fall ein Reizwort, das im allerschlimmsten Fall Panikattacken auslöst. Gespräche darüber werden niemals spielerisch gesehen, sondern als erster Schritt zur Sklaverei betrachtet.

Lebenstraum, der; -s, …träume ↔ *Lebensplanung*

Fast jeder Mann hat seinen Lebenstraum, den er unbedingt verwirklichen will, weshalb er sich auch ungern auf eine → *Lebensplanung* einlässt. Typische Männerträume sind: Einmal die Panamericana fahren – am besten auf (m)einer Harley / Einmal die Welt umsegeln – die Vendée Globe ist das Mindeste / Einmal die Mille Miglia (Oldtimer-Autorennen in Italien) mitfahren. Oder der Klassiker: Noch mal was ganz anderes machen. Das ist so schön diffus. Die Wahrscheinlichkeit, dass einer dieser Lebensträume verwirklicht wird, tendiert gegen null. Selbst bei Nicht-Berücksichtigung des Faktors Lebensplanung fehlt es nämlich erstens an Zeit, zweitens an Geld und drittens an Risikobereitschaft.

Liebe, die; -, *nur Sing.*
Als Gefühl eine schöne Sache, als Wort eher überschätzt

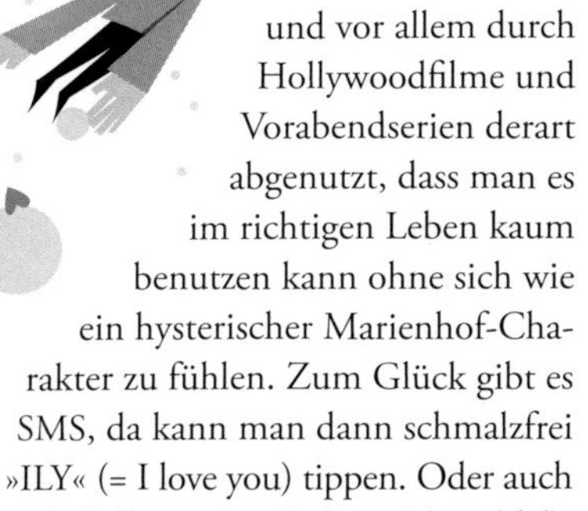

und vor allem durch Hollywoodfilme und Vorabendserien derart abgenutzt, dass man es im richtigen Leben kaum benutzen kann ohne sich wie ein hysterischer Marienhof-Charakter zu fühlen. Zum Glück gibt es SMS, da kann man dann schmalzfrei »ILY« (= I love you) tippen. Oder auch FUDHUK (= Fall um den Hals und knuddel). Und wenn einem gar nichts mehr einfällt: WIDUMIHEI (= Willst du mich heiraten?).

Logik, die; -, *nur Sing.*
Mathematikprofessorinnen müssen jetzt ganz tapfer sein, denn hier wird behauptet, dass Männer im Allgemeinen logischer denken als Frauen. Das ist diese Sache mit der linken und rechten Gehirnhälfte; nicht ganz unumstritten in der Wissenschaft, aber in partnerschaftlichen Disputen nicht zu widerlegen. Er bringt logische Argumente (»Du hast nie gesagt, dass du mehr Komplimente haben möchtest!«), sie kontert

mit Emotionalität (»Wenn ich dir das erst sagen muss, hach, dann ist doch alles zu spät!«).

Lösungswillen, unbedingter, der; -s, *nur Sing.*
»Ach so, du bist unzufrieden mit der Arbeit! Deshalb hast du → *immer* diese Laune. Mann, das hat aber gedauert, bis ich dir das aus der Nase gezogen habe. Hättest du doch auch schon früher mal … Na ja, egal. Also gut, dann lass uns doch mal eine Liste machen, was du wie ändern könntest. Erstens: Mit deinem Chef sprechen. Unbedingt. Ich sage gleich noch, was du am besten sagst. Zweitens: Büro verschönern. Das hebt die Stimmung. Wirklich! Drittens: Abends abschalten. Verabrede dich doch mal wieder mit Günther. Oder wir zwei gehen einen Wein trinken. Viertens: … Warum guckst du denn jetzt so genervt? Ich versuche doch nur zu helfen. Wie, das überfordert dich? Irgendwas musst du doch tun. Von allein wird sich das → *Problem* jedenfalls nicht lösen!«

Macho, *siehe* → *Chauvi*

Mahlzeit, die; -, -en

Für Frauen kann alles Mögliche eine Mahlzeit sein: Ein → *Salat*, ein Milchkaffee oder – in seltenen Fällen – ein Snickers. Das geht für die meisten Männer GAR nicht. Eine Mahlzeit ist ein Essen! Also, ein richtiges Essen – am besten mit Fleisch, Gemüse und Kohlehydraten, am allerbesten plus Nachtisch (Ausnahme: Frühstück, aber auch hier gilt ein Milchkaffee nicht als Nahrung). Optimalerweise sollte es drei Mahlzeiten am Tag geben, sonst droht ein Stimmungstief.

Make-up, das; -, *nur Sing.* (*Hyp. für* farbliche Gestaltung von Haut und Haaren)

»Ich mag dich so, wie du bist!« Frauen glauben dem

Mann an ihrer Seite zwar, dass er sie »ganz natürlich« am liebsten mag. Aber »ganz natürlich« muss man erst mal aussehen. Männer haben es leicht, sie wachen genauso auf, wie sie ins Bett gegangen sind. Frauen müssen sich morgens erst auf »natürlich« schminken.

Männerabend, der; -s, -e

Bier, Pizza, Fußball. OK, so geht es nicht bei allen Männerabenden zu. Immer gleich aber ist das Ende: Hoher Alkoholpegel und lässiger Umgang mit der Rechnung. Die Summe ist 68 Euro? Egal, wer was und wie viel gegessen und getrunken hat: Jeder der vier Kumpels schmeißt einen 20-Euro-Schein auf den Tisch und tut so, als ob ihn Wechselgeld nun wirklich zuletzt interessiert. Cool. Und so anders als beim → *Frauenabend.*

Männerspielzeug, *siehe* → *Gadget,* → *Geräte, elektronische*

Manmüsstemal, *ohne Art., nicht dekl., nur Sing.*

Männlich für »Ich erkenne die Notwendigkeit, sehe mich aber außerstande, mich darum zu kümmern – mach du mal.« (*Vgl. auch* → *HastDuSchon.*)

Manolos, die; -, *nur Plur.* (*ugs. für* Manolo-Blahnik-Schuhe)

Manolos üben auf manche Frauen die gleiche Faszination aus wie der → *Neunelfer* auf Männer. Hätte man gerne, kriegt man aber wahrscheinlich nicht. Zwar sind sie deutlich billiger als ein Porsche – aber bei 400 Euro Minimum für ein Paar Schuhe zögern doch die meisten Frauen. Manolos sind für die Schönen, Reichen und Berühmten – aber schon das Darüber-Reden lässt irgendwie an dieser Szene teilhaben. Für Männer, die mitreden wollen: Manolo Blahnik ist ein spanischer Schuhdesigner, der vor allem durch die Serie »Sex and the City« berühmt wurde, weil Protagonistin Carrie, bekennende Schuhfetischistin, den ganzen Schrank voll Manolos hatte. Ein vergleichbar angesagter Schuhdesigner ist übrigens Jimmy Choo – mit diesem Wissen lässt sich u. U. punkten …

Martial-Art-Film, *siehe → Kung-Fu-Film*

Medikamente, *siehe → Beipackzettel, → krank*

Meta-Ebene, die; -, -n *(von griech.* meta = über, hinter, neben)

Vor allem Frauen vermitteln die wirklich wichtigen Informationen gern auf einer Meta-Ebene. Vorsicht also bei harmlos anmutenden Sätzen wie »Ich habe übrigens heute gesaugt« (= Du hast ja wohl seit Tagen nichts im Haushalt getan), »Ich wäre dann so weit« (= Ich warte! WAS machst du bloß so lange?), »Oh, das Hemd ist wohl eingelaufen« (= Du bist zu dick).

Mhhm, *siehe* → *Hmmh*

Migräne, die; -, (*myth.:* keine-Lust-auf-Sex)
Migräne ist kein Spaß, und tatsächlich leiden vor allem Frauen darunter. Aufgrund o. a. Mythenbildung allerdings nehmen die Betroffenen lieber heimlich starke Schmerzmittel als das Wort »Migräne« in den Mund.

Möbel, absolut notwendige, die; n-
♂ Matratze, Tisch, maximal zwei Stühle, ein Sessel (optional), Regal (für die zwei Teller, den Topf und die überschaubare Menge an Büchern)
♀ gemütliches Sofa plus Sessel (Farbe: warm, nicht zu empfindlich, zu vielem passend), Esstisch (ausziehbar), mindestens vier Stühle (bequem, aber mit Charakter), Schreibtisch (funktionell, platzsparend, am besten vom Tischler eingepasst), Küchenschränke (weiß, praktisch, aber nicht zu spießig), Bücherregale, schönes Bett

Möbelzusammenführung, die; -, -en (*probl. für* zusammenziehen)
1 + 1 = 2. Klingt einfach, ist aber kompliziert, wenn es um Möbel geht (s. o.): Natürlich brauchen wir ein richtiges Bett! Nein, die Lampe ist nicht kitschig! Und wenn du dieses Kiefernholzregal aufstellst, lasse ich mich scheiden!

Morgenmuffel, der; -s, -

Er ist die Nachtigall und sie die Lerche – oder umgekehrt. Eine(r) von beiden hat morgens meist waaahnsinnig gute Laune, während der / die andere muffelnd durch die Wohnung schlappt – was irgendwann auch die beste Laune untergraben kann. Argumente (»Du hast doch aber zehn Stunden geschlafen!«) prallen am Morgenmuffel ebenso ab wie Vorwürfe (»Du nervst!«) oder Stimmungsverbesserungsvorschläge (»Wie wär's, wenn du morgens erst mal eine Runde joggen gehst?«). Klassische Lose-lose-Situation für betroffene Paare.

Multitaskingwahn [*Neol.*], der; -s, *nur Sing.*

Befällt vor allem Frauen, die sich sowieso als Multitasking-Queens fühlen, weil sie problemlos parallel abwaschen, telefonieren und kochen können. Männer hingegen sind eher linear orientiert und mögen noch nicht einmal gleichzeitig duschen und diskutieren. Der Begriff Multitasking stammt übrigens aus der Informatik und bezeichnet die Fähigkeit eines Betriebssystems, mehrere (= *multi*) Aufgaben (= *tasks*) parallel zu erledigen. Forscher haben inzwischen herausgefunden, dass sich diese Begabung nicht auf den Menschen übertragen lässt. Im Gegenteil, es entstehen Fehler und Stress, wenn sich das Gehirn mehr als einer Sache zur gleichen Zeit widmet.

Musikgeschmack, der; -s, ...geschmäcke
Dem Sprichwort zum Trotz lässt sich über Geschmack hervorragend streiten. Die Kluft zwischen männlichem und weiblichem Musikgeschmack ist allerdings oft so groß, dass ein Streit gar nichts bringt. Viele Männer lieben E-Gitarren (= Punk, Hardrock, Heavy Metal). Frauen hingegen haben gegen eine Melodie per se nichts einzuwenden und können enorm spaßige Abende mit Schlagermusik verbringen. »Die Ärzte« nennen das übrigens »Unrockbar«: *Wie kannst du bei den Beatsteaks ruhig sitzen bleiben, wenn dir doch Schlagersänger Tränen in die Augen treiben. Seit du bei mir wohnst, schallt jeden Tag Shakira durch das Haus. Ich halt es nicht mehr aus, ich glaub, ich schmeiß dich raus!*

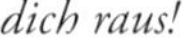

nach-dem-Weg-fragen

Für Frauen ein normales Verhalten, wenn sie sich in unbekannter Umgebung nicht zurechtfinden. Für Männer die größte anzunehmende Niederlage – nach dem Weg wird erst gefragt, wenn es a) stockdunkel ist und in Strömen regnet, b) die Straßenschilder signalisieren, dass man die Landesgrenze passiert hat, c) Verhungern droht oder d) die Ehe ernsthaft gefährdet scheint. Erst dann darf die Beifahrerin aussteigen und fragen. Allerdings: Selbst wenn sie sich die Angaben merken kann, wird der Mann ihr nicht glauben (»Zweite links? Das kann nicht sein!«).

Nagelknipser [*Unw.*], der, -s, - (*auch:* Nagelclip)

Unästhetisches Instrument, das zu unästhetischen Handlungen führt: Männer schneiden sich ihre Nägel nicht, sie knipsen sie ab. Im günstigsten Fall unter Ausschluss der Öffentlichkeit, im mäßig günstigen Fall während sie duscht, im ungünstigsten Fall am Strand oder vorm Fernseher (»Wieso? Hier habe ich gerade mal Zeit«). In jedem Fall fliegen die abgeknipsten Nägel unkontrolliert durch die Gegend …

Navi, das; -s, -s (*Abk. für* Navigationsgerät)
Was haben Männer eigentlich früher ohne Navi gemacht? Es gibt wohl kaum ein elektronisches Gerät, das so schnell die Männerherzen gewonnen hat wie das Navigationsgerät, was eigentlich extrem verwunderlich ist, denn normalerweise schätzen Männer es nicht unbedingt, wenn ihnen jemand vorschreibt, wo sie lang fahren sollen (*vgl. auch* → *Beifahrerin*). Und ist die Benutzung eines Navis nicht genauso unmännlich wie → *nach dem Weg zu fragen*? Offenbar nicht. Merkwürdig, aber wahr: Sobald ein Navi an Bord ist, schalten Männer ihr Gehirn inklusive Selbstachtung aus und lassen sich von der Computerstimme (einer Frau!!!) zum Bäcker um die Ecke leiten. Was vermutlich dazu führt, dass sich der vielbeschworene männliche → *Orientierungssinn* in den nächsten 100 Jahren komplett wegevolutioniert.

Negligé [*frz.*], das, -s, -s (*eigentlich:* das Nachlässige)
Ursprünglich galt dieser Begriff für sämtliche Hausklei-

dung, demnach wäre auch die Jogginghose ein Negligé. Tatsächlich meint man heutzutage damit verführerische Nachtwäsche, wie sie von allen Darstellerinnen in Film & Fernsehen getragen wird. Frisch verliebte Frauen fühlen sich daher evtl. verpflichtet, ebenfalls einen schwarzen Hauch von Nichts zu erwerben. In Ermanglung von Reichtum wird es dann Polyester statt Seide. Das Gegenteil von tragefreundlich, taugt allenfalls zum unmittelbaren Ausgezogen-werden. Dazu müsste man es aber erst anziehen, was sich in der Praxis als äußerst schwierig erweist. »Warte kurz hier, ich ziehe erst mein Negligé an« dürfte nicht der gelungenste Auftakt eines verführerischen Rendezvous sein.

Neunelfer, der, -s, *nur Sing.* (*ugs. für* Porsche 911 Coupé)
Wenn Männer besonders sehnsüchtig einem Auto hinterherschauen, handelt es sich vermutlich um einen Porsche 911. (Achtung, Frauen: Das spricht sich »Neun Elf«, niemals Neunhundertelf sagen!) Für alle, die mitreden wollen: Der Neunelfer ist das →*Auto* aller Autos. 1963 auf der Internationalen Automobilausstellung (IAA) vorgestellt und seitdem Traumwagen fast aller Männer. Sie preisen das »pure Fahrerlebnis« durch den ungedämpften Sound (= höllischer Lärm) des Sechszylinder-Boxermotors, der sich übrigens im Heck (= Kofferraum) befindet. Am allerbesten sind die 911er auf Füchsen (= mit Leichtmetallfelgen der Firma Fuchs).

Nichts, das; -, *nur Sing.* (*syn. für* Alles-andere-als-nichts)
»Was ist los, Schatz?« – »Nichts.« Wenn Frauen »nichts« sagen, meinen sie etwas völlig anderes. Eher so etwas wie: »Nichts, außer dass du mal wieder vergessen hast, den Müll rauszubringen und den Abwasch zu machen, so dass ich jetzt alles allein machen musste, und außerdem hast du mir schon seit Monaten keine Blumen mehr gebracht, und → *nie* machst du mal einen Vorschlag für einen schönen gemeinsamen Abend und ...« Und deshalb ist an dem Abend dann auch garantiert nichts mehr mit ihnen anzufangen.

nie (*vgl. auch* → *immer*)
Inflationär gebrauchtes Adverb in Paarbeziehungen. »Nie«-Sätze werden vor allem von Frauen benutzt, um Unmut zu bekunden: Nie räumst du deine Kaffeetasse weg, nie kaufst du ein, nie gehst du mit mir ins Theater.

Ohropax® [*Kunstw.*], das; -, *nur Sing.* (*von* Ohr + Pax = Frieden)

Zum ersten Mal wurde dieser Geräuschschutz vor knapp 3 000 Jahren eingesetzt – und schon damals ging es um Männer und Frauen. Letztere waren die Sirenen, die mit ihrem Gesang alle Männer betörten, um sie anschließend zu töten. Um dieses Problem im wahrsten Sinn des Wortes zu umschiffen, verstopfte Odysseus die Ohren seiner Männer mit Kugeln aus Bienenwachs. Hat geklappt – und hat einen gewissen Maximilian Negwer Anfang des 20. Jahrhunderts zu einer modernen Version der Wachskugeln inspiriert. Sein Ohropax® sollte eigentlich vor dem Lärm der Industrialisierung schützen, sorgt aber in diesem Jahrhundert vor allem für Frieden in gemeinsamen Schlafzimmern – der mitunter gestört ist. Und zwar nicht, weil die Frau den

Mann durch betörende Gesänge um den Verstand bringt.

Optionsparalyse [*Neol.*], die; -, -n
Das wahre Frauenleiden. Jeder Tag bietet unzählige Möglichkeiten und fordert ebenso viele Entscheidungen, eine schwieriger als die andere: Das grüne oder das rote Kleid? Rot passt besser zu den Schuhen, ist aber vielleicht ein bisschen gewagt. Rucolasalat oder Pasta Frutti di Mare? Salat gab es gestern schon, aber Meeresfrüchte sind immer so fettig. Übers Wochenende ans Meer oder den Volkshochschulkurs buchen? Meer wäre schöner, aber die Wettervorhersage ist so schlecht. Jetzt noch zum Sport oder ins Kino? Der Film soll super sein, aber den Hüften zuliebe wäre Sport vielleicht besser. Überrascht sind Männer immer dann, wenn Frauen sich schnell und bestimmt entscheiden: Ich will jetzt ein Kind! Und morgen fahren wir zu IKEA.

Ordnung, *siehe* → *Sockenproblem*

Orientierungssinn, der; -s, *nur Sing.*
Laut Definition die Fähigkeit von Menschen und Tieren, sich in unbekannter Umgebung zurechtzufinden. Müsste aber heißen: Fähigkeit von Männern und Tieren, sich in unbekannter Umgebung zurechtzufinden. Denn bei den meisten Frauen ist der Orientierungssinn

im Laufe der Evolution abhandengekommen; in einer unbekannten Umgebung sind Frauen so verloren wie Hänsel & Gretel ohne Brotkrumen. Das ist übrigens kein Klischee, sondern wissenschaftlich erwiesen. Kurz zusammengefasst liegt es daran, dass Männer einen Kompass im Kopf haben, Frauen hingegen Eindrücke (krummer Baum, schöne Blumenwiese, originelles Schaufenster, Werbeplakat). Deshalb finden Männer besser aus dem Wald raus und Frauen besser in den nächsten H & M-Laden rein. OK, das war jetzt ein Klischee (*vgl. auch → Stadtplan*).

Paartag, der; -es, -e (*syn. für* Anfang-vom-Ende) → *Freizeitstress*, zu viel Arbeit oder die Kinder saugen alle Energie ab? Wenn Paare sich abends nur noch kommunikationsfrei vor dem Fernseher anöden, empfehlen Therapeuten gern einen festen Paartag in der Woche oder – wenn das unmöglich ist – wenigstens einen Paarabend. Der muss dann gemeinsam verbracht werden, und zwar weit weg von Fernseher, Computer, Kinderbett. Das Programm wird gern abwechselnd gestaltet. Und – schwupps – einige Konzertbesuche, Erotik-Menüs und Tanzkurse später merkt man wieder, wie begehrenswert und aufregend der / die andere ist – Beziehung gerettet. So weit die Theorie. Was die Praxis angeht: s. o.

Partnerdilemma [*Neol.*], das, -s und -ta

Für die Linguisten: Das Wort Dilemma kommt aus dem Griechischen und bedeutet »zweigliedrige Annahme« – vereinfacht gesagt: Es gibt zwei (oder mehrere) Möglichkeiten, aus der Nummer rauszukommen, aber keine wird als befriedigend empfunden. Vor allem Männer geraten oft in das gefürchtete Partnerdilemma, wenn sie mit Fragen konfrontiert werden wie »Welches Kleid steht mir besser?« (spätestens seit Loriot ist klar: Darauf gibt es keine Antwort) oder »Findest du mich zu → *dick*?« Hier ginge a) »Nein, natürlich nicht«, aber auch Frauen sind manchmal realistisch. Noch weniger geeignet sind allerdings b) »Ein bisschen um die Hüfte vielleicht« und c) »Hm, du warst schon mal dünner«. Am besten ist immer noch Antwortmöglichkeit d) »Ich mag dich so, wie du bist« – aber auch das wird die Frau nicht wirklich erfreuen. Wie gesagt: *Ein* Dilemma, *kein* Ausweg.

Partnerlook [*NG*], der, -s, *nur Sing.*

Nicht tolerierbare Geschmacksentgleisung, die den modischen Durchbruch zum Glück nie wirklich geschafft hat. Nur in Karikaturen, an Skiliften, beim Nordic Walking und bei Kaffeefahrten tragen Menschen tatsächlich das gleiche Outfit.

Pheromon, das; -s, -e (*von griech.* pherein = überbringen *und* hormon = bewegen)

Pheromone sind die Botenstoffe der biochemischen Kommunikation zwischen Lebewesen einer Spezies. Vor allem Insekten senden Pheromone aus, z. B. um Paarungsbereitschaft zu signalisieren und potenzielle Partner anzulocken. Auch bei Menschen wurden Pheromone nachgewiesen, unter anderem im Männerschweiß. Dieser Geruch erregt Frauen angeblich, die Erkenntnisse sind umstritten. Denn Menschen sind – anders als etwa Nachtfalter – zum Glück nicht auf das Aussenden und Empfangen von Duftstoffen angewiesen, wenn es ums Interesse am anderen Geschlecht geht. Was wahrscheinlich auch der Grund ist, weshalb die Entwicklung von Pheromon-Parfums eher ein Flop war.

Plattensammlung, die, -, -en

Neben dem Kiefernholzregal das größte Problem beim Zusammenziehen. Männer haben sehr häufig sehr viele Platten und CDs. Egal, wie oft sich der → *Musikgeschmack* seit der Pubertät geändert hat – keine einzelne »Scheibe« kann verkauft, verschenkt oder gar weggeworfen werden. Ausgeschlossen. Frauen hingegen umgeben sich im Wohnzimmer ungern mit gefühlten 10 000 Platten, von denen ein Drittel nicht gehört werden kann (weil man nur noch einen CD-Spieler besitzt) und ein Drittel nicht gehört werden will (weil es jugendliche Geschmacksverirrungen sind). Also gibt es entweder einen Zermürbungskrieg um einzelne Alben, oder die Sammlung wandert auf den Dachboden (falls es da nicht zu feucht ist) bzw. in den Keller. Von nun an wird der Mann große Pläne machen, sich ein Tonstudio einzurichten. Tonstudios sind die Modelleisenbahnen der großen Jungen – und genau wie Modelleisenbahnanlagen werden sie nie fertig.

Pizzabringdienst-Syndrom [*Neol.*], das, -s, *nur Sing.* TAG 1: »Schatz, was sollen wir denn heute Abend mal essen?« »Hm, weiß nicht.« Sie denkt, kauft ein und kocht. TAG 2: »Schatz, was sollen wir denn heute Abend mal essen?« »Hm, weiß nicht. Vielleicht was mit Kartoffeln?« Sie denkt, kauft ein und kocht. TAG 3: »Schatz, was sollen wir denn heute Abend mal essen?« »Hm, weiß nicht.« »Also, du könntest dir auch mal was einfallen lassen!« »Ja, stimmt. Wie wäre es denn mit … ähm … hm … vielleicht was mit Kartoffeln und Fleisch?« Sie resigniert, denkt, kauft ein und kocht. TAG 4: »Also, heute Abend kümmerst du dich mal ums Essen!« »Ja, klar, kein Problem!« Sie kommt nach Hause und fragt: »Na, was gibt es zu essen?« Er strahlt und sagt: »Hey, ich dachte, wir bestellen uns heute mal was vom Pizzabringdienst! Ich lade dich ein!«

PMS, das; -, *nur Sing.* (*Abk. für* Prä-, Peri- und Postmenstruelles Syndrom)

Frau-Sein ist nicht leicht, ja manchmal ist es kaum auszuhalten. Dann haben Frauen schlechte Laune, zicken rum und / oder bekommen unkontrollierte Weinanfälle. In hellen Momenten sagen sie in so einem Fall: »Tut mir leid, Schatz, du weißt schon, ich hab PMS.« Und dann bitte nicht nachrechnen, denn anders als die Forschung bisher angenommen hat, können die Weltschmerzhormone nicht nur *vor* der Menstruation zuschlagen, sondern eigentlich immer. Und wenn Männer auch mal entschuldigt zicken wollen? Tja, hier hat die Medizin bisher geschlafen, aber vielleicht findet sich ja noch ein Grund und ein Fachterminus.

Pragmatismus, *siehe* → *Lösungswillen, unbedingter*

Prinzip, das; -s, -ien (*von lat.* principium = Anfang, Ursprung)

Der Wortbedeutung nach ein Gesetz, das allen anderen Gesetzen übergeordnet ist. In der Partnerschaft das, worum es vor allem Frauen eigentlich in jeder Diskussion geht. »Es geht nicht um deine Socken / den Müll / Blumen / deine Ex – es geht ums Prinzip!« Was damit gemeint ist, wissen die Argumentierenden oft selbst nicht, aber sie wollen in dem Moment auf jeden Fall gern ein Gesetz festlegen, das allen anderen Gesetzen übergeordnet ist. Und sie haben recht, ganz klar, schon aus Prinzip.

Problem, das; -s, -e

Erkennen, besprechen, lösen – so die weibliche Herangehensweise; nicht unbedingt kompatibel zu der männlichen: erkennen, ärgern, verdrängen. Merke: Selbst wenn Männer sich dazu entschließen, ein Problem anzusprechen, möchten sie nicht unmittelbar mit einem Ausweg konfrontiert werden. Zu viel → *Lösungswillen* überfordert hier!

Prostata, *siehe* → *Vorsorgeuntersuchung*

Putzdisput, vorbesuchlicher [*Neol.*], der; -s, -e

Männer sind grundsätzlich nicht der Meinung, dass vor dem Empfang von Besuch extra sauber gemacht werden muss. Frauen sehen das meist völlig anders, weshalb es oft zu Dialogen wie diesem kommt: »Wie, in fünf Minuten kommt deine Mutter??? Und hier sieht es aus …! – Wieso, sieht doch aus wie immer. – Nein, es ist unordentlich. Und die Betten sind nicht gemacht. – Die machen wir doch sonst auch nicht. – DU machst sie nicht, meinst du. Und der Abwasch! Den wolltest du doch schon längst … – Ich hatte noch keine Zeit! Außerdem ist es meiner Mutter egal, ob die Betten gemacht sind. – Aber MIR nicht!« (*Vgl. auch* → *sauber.*)

Q 10, das, -, *nur Sing.* (*eigentlich:* Coenzym Q 10 *bzw. chem.* Ubichinon)

Ein Chinon-Derivat mit lipophiler Isoprenoid-Seitenkette. Damit können die meisten chemiephoben Frauen nichts anfangen. Trotzdem ist die Kurzform Q 10 zumindest allen Frauen über 25 ein Begriff bzw. der Inbegriff für Anti-Aging. Q 10, so die Verheißung der Kosmetikindustrie, lindert Falten, bei Verwendung entsprechender Cremes kann praktisch jede aussehen wie 20. Und obwohl diese Versprechungen in den Medien regelmäßig als unwahr entlarvt werden, kauft man das Zeug trotzdem. Und glaubt dran.

quatschen (*ugs. für* Frauengespräche)

Männer quatschen nicht, Männer besprechen etwas. Frauen hingegen reden und reden und reden, am liebsten mit anderen Frauen, die auch reden und reden und reden. »Lass uns mal wieder quatschen«, sagen sie dann auch zu ihrer Freundin (wobei das wirklich kein schönes Verb ist!) – und da geht es überhaupt nicht darum, eine bestimmte Sache zu besprechen, sondern im Gegenteil alles und nichts einfach mal aus- und anzusprechen.

Rage, die; -, *nur Sing.* (*von frz.* Rage = Wut, Raserei)
Die Rage ist weiblich und deshalb das einzig wahre Wort für hysterische Anfälle von Frauen, die sich gegen männliches Verhalten richten. Die Anlässe sind nichtig, die Auswirkungen umso größer. Regeln für den Umgang mit Frauen in Rage gibt es nicht; argumentieren kann sich ebenso verheerend auswirken wie zustimmen, zurückschreien oder einfach nur → *schweigen*.

recht haben, *siehe* → *Diskussion*

reden ←→ *quatschen*
Wenn Frauen reden wollen, ist Ärger in Verzug. Dann sollen Dinge problematisiert werden, die der Mann nicht als Problem sieht, sehen will, sehen wird. Folge: Sie redet, er schweigt (*vgl. auch* → *schweigen*).

Relevanz-Schere [*Neol.*], die; -, *nur Sing.*

Die Ansichten über das, was wichtig und was unwichtig ist, klaffen zwischen Mann und Frau generell weit auseinander. Die Relevanz-Schere manifestiert sich vor allem nach (Telefon-)Gesprächen, die der Mann mit einer nahestehenden Person führt:

»Schöne Grüße von meinem Bruder. – Danke. Und? PAUSE Was sagt er so? – Nichts Besonderes. – Wie geht es ihm denn? – Gut, glaube ich. – Und seine Lungenentzündung? – Weiß ich jetzt gar nicht. Besser, glaube ich. – Und mit seiner Freundin? – Die war auch da. – Haben sie sich also wieder vertragen? Was ist denn mit dem Liebhaber? – Liebhaber? Also über solche Sachen haben wir gar nicht geredet.«

Rollenspiel, das; -s, -e

Ein Patentrezept zum Wiederentfachen verschütt gegangener oder vernachlässigter Leidenschaft (*siehe auch* → *Negligé*). Versprechen zumindest die gängigen Sexratgeber. Im wirklichen Leben allerdings wird dieses Ansinnen spätestens im Geschäft für Berufskleidung geerdet, vis-à-vis mit dem Blaumann für 40 Euro. Soll man den jetzt kaufen, um sich dann mit Öl einzuschmieren und als Mechaniker an ihrer Tür zu klingeln? Und sie öffnet – huch – aus Versehen in Strapsen die Tür. Nee, ne.

Salat, der; -s, -e

Für Frauen eine vollständige → *Mahlzeit*. Das Zubereiten von Salaten bereitet durchaus einige Mühe, weshalb die Frage des Partners »Und was gibt's dazu?« zu größeren Zerwürfnissen führen kann. Männer fürchten sich geradezu vor der Aussage »Ich nehme den Rucolasalat« beim gemeinsamen Restaurantbesuch. Erstens wirkt das so spaßbefreit, dass die Leidenschaft akuten Schaden nehmen kann, und zweitens kann der Mann angesichts dieser Zurückhaltung seine im Käse-Öl-Bett schwimmenden Tortellini al Forno gar nicht mehr richtig genießen!

Sale, der; -, *nur Sing.* (*von engl.* to sale = verkaufen)

Klingt schicker als Ausverkauf und saisonunabhängiger als Schlussverkauf. Übt auf Frauen eine große Faszination aus, die dazu führt, dass sie einen Mantel für 100 Euro kaufen, weil er von 200 Euro »runtergesetzt« wurde – obwohl sie keinen Mantel brauchen. Männer sind weitgehend immun gegen die Buchstabenfolge SALE. Wenn sie einen Mantel brauchen (und nur dann), kaufen sie lieber einen für 200 Euro, selbst wenn er nur 100 Euro wert ist, anstatt stundenlang in zig Geschäften nach einem → *Schnäppchen* zu suchen.

sammeln, *siehe* → *aufbewahren*

sauber, *subjektives Adjektiv*

♀ eine geschrubbte/gewischte/gesaugte Sache oder Fläche

♂ eine geschrubbt/gewischt/gesaugt aussehende Sache oder Fläche

Schlafneid [*Neol.*], der; -s, *nur Sing.*

Hinlegen, Licht aus, einschlafen. Wie kann das sein, fragt sich die Frau, die nur nach einer Überdosis Alkohol innerhalb von Mikrosekunden einschlafen kann. Sie muss im Normalfall erst noch lesen und wälzt sich dann trotzdem ewig hin und her. Mal ganz abgesehen davon, dass sie doch noch reden wollte. In diesen Situationen entsteht akuter Schlafneid. Wird er chronisch, kann das dazu führen, dass die Frau den Mann wieder weckt und willkürlich eine → *Diskussion* vom Zaun bricht.

Sex, der; -, *merkwürdigerweise nur Sing.*

♀ Innere Werte sind wichtiger als gutes Aussehen, und man kann auch einfach mal nur reden.

♂ Innere Werte sind wichtig, reden ist wichtig. Aber Sex würde ich nicht davon abhängig machen.

schminken, *siehe* → *Make-up*

schnarchen, *siehe* → *Ohropax®*

Schnäppchen, das; -s, - (*ugs. für* sehr geschickter Kauf)

Ein Schnäppchen veredelt jede Shoppingtour. Schon die Aussicht auf ein Schnäppchen setzt bei den meisten Frauen ungeahnte Endorphine frei, gegen die vernünftige Argumente von Außenstehenden (»Du hast doch schon drei Paar braune Schuhe!«) genauso wenig ankommen wie das eigene Gewissen (»Ich brauche eigentlich gar keinen neuen Mantel …«). Leider werden im Adrenalintaumel auch Fehlkäufe getätigt, kalkuliertes Risiko sozusagen (*vgl. auch* → *Fehlkaufverdrängungsmechanismus*).

schweigen; schwieg, schwiege, geschwiegen, schweig!
»Hast du was? – Nein. – Du hast doch was! – Nein. – Warum sagst du dann die ganze Zeit nichts?« Männer können etwas, das viele Frauen nie lernen werden: schweigen. Sie tun es aus mehreren Gründen:
1. Weil sie nichts zu sagen haben. Anstatt irgendetwas zu sagen, schweigen sie. Für Frauen gleichbedeutend mit Ignoranz. 2. Weil sie nichts sagen wollen. Sie sind müde oder wollen sich auf ihr Buch / den Film / das Kreuzworträtsel konzentrieren und nicht noch nebenbei Kommentare zum Wetter / einer Hauptdarstellerin / der Lage der Nation abgeben. Für Frauen ein klarer Fall von mangelnder Multitasking-Fähigkeit. 3. Weil sie nichts sagen müssen. Die Frau redet ja sowieso. Für Frauen eine Provokation. 4. Weil man mit Schweigen manchmal mehr erreicht.

Sehen, selektives, das; -s, *nur Sing.* (*med. für* Ignoranz)
Männer erkennen einen Ferrari auf 50 Meter Entfernung, ihre Socken hingegen nicht einmal auf 50

Zentimeter. Das männliche Auge kann zwar einen verschwommenen Stoffklumpen wahrnehmen, diesen aber nicht als »Socken, dreckig« identifizieren. Noch besser funktioniert das selektive Sehen im Zusammenhang mit Geschirr. Männer können schmutzige Teller weder auf dem Tisch noch in der Spüle wirklich sehen, weshalb auch die Signale »wegräumen, abwaschen« nicht ans Gehirn weitergeleitet werden. Ähnliche Synapsenprobleme ließen sich im Zusammenhang mit vertrocknenden Grünpflanzen, mützenlosen Kindern, kaputten Glühlampen nachweisen. Forscher vermuten, dass sich auf dem → *Y-Chromosom* ein Ausblendegen befindet (*vgl. auch* → *Sockenproblem*).

Seitensprung, der; -s, …sprünge

Es ist nicht so, wie du denkst, und es hat gar nichts mit dir zu tun. Solche Entschuldigungen helfen im echten Leben noch weniger als im Film – sie werden hier auch noch weniger verziehen als dort. Ach ja, und der Plural existiert zwar, hört sich aber ziemlich merkwürdig an: »Liebling, ich hatte einen meiner Seitensprünge.«

sensibel, sensibler, hysterisch

Die Verwendung des o. a. Superlativs sollte Frauen und vor allem Ehefrauen gegenüber vermieden werden, es könnte negativ aufgefasst werden. Die weibliche Empathie ist groß und mächtig – und kippt dummerweise

manchmal ins Übermächtige. Aber das hat natürlich nichts mit Hysterie zu tun.
Allerdings muss man sagen, dass das Wort »Hysterie« aus dem Griechischen kommt: Hystera heißt Gebärmutter, womit Hysterie ja schon irgendwie eher weiblich zu sein scheint, oder?

Sex, *siehe* → *Jogginghose,* → *kuscheln,* → *Negligé,* → *Rollenspiel,* → *Unterwäsche*

shoppen (*von engl.* to shop = einkaufen)
Anders als die o. a. Übersetzung vermuten lässt, hat shoppen nichts mit → *einkaufen* zu tun. Shoppen ist für viele Frauen eine erfüllende Beschäftigung, wenn nicht sogar ein Hobby (*vgl. auch* → *Schnäppchen*). Ein perfekter Samstag beinhaltet einen mehrstündigen Aufenthalt in Umkleidekabinen, schon die Vorstellung lässt Männer in Schockstarre verfallen. Manche Frauen haben es dummerweise gern, wenn der Partner beim Shoppen zuschaut und dabei nicht genervt aussieht.

Siehst du! (*emot. für* Ich-weiß-eh-alles-besser)
Letzte Waffe der Frau, die vorher schon unbeirrbar versucht hat, den Mann durch nicht enden wollende Kommentare und Ratschläge in seiner Mission (Reparatur des Waschbeckens, Orientierung in einer fremden Stadt, Erziehung des Kindes) zu verunsichern. Was

folgt, ist meist ein wütendes »Dann mach's doch selbst« und ein Knall (Werkzeug, Autotür, Wurfgeschoss).

Sixpack, *siehe → Waschbrettbauch*

Soap, *siehe → Vorabendserie*

Sockenproblem, das; -s, *nur Sing.*
Unter Sockenproblem versteht man in einer Partnerschaft mit gemeinsamer Wohnung nicht die Tatsache, dass immer eine Socke in der Waschmaschine verschwindet. Das ist zwar auch ein Problem, aber immer nur personen- und sockenbezogen. Paartechnisch gesehen allerdings sind das größere Problem die herumliegenden Socken – eine unglaubliche Provokation für den ordentlicheren der beiden Partner und immer wieder Anlass für Diskussionen. Super-GAU: gebrauchte Socken-Unterhosen-Kombi in einem gut einsehbaren Wohnungsbereich *(vgl. auch → Sehen, selektives).*

Steak, *siehe → grillen*

Spülmaschine, die; -, -n
Neben der Waschmaschine das wichtigste Gerät im gemeinsamen Haushalt, denn es erleichtert nicht nur die Arbeit, sondern rettet auch Abende, an denen man sich sonst mit Vorwürfen und Gegenvorwürfen eine

zermürbende Schlacht liefern würde. (»Du machst nie den Abwasch! – Wollte ich doch noch! – Aha, wann denn? Heute Nacht um drei??«) Die Investition lohnt sich. Und immer anschließen lassen. Auch das kann Ehen retten; wer möchte sich schon mitten in der Nacht darüber streiten, welcher Idiot schuld daran hat, dass die Küche unter Wasser steht …

Sparks, Nicholas, *amerikanischer Autor*

Schreibt Herzschmerz-Romane, die wahrscheinlich noch nie ein Mann gelesen hat, aber selbst von Frauen, die sich nicht als überromantisch bezeichnen würden, durchaus gern gelesen werden. Im Urlaub zum Beispiel oder an grauen Sonntagnachmittagen. Viele seiner Bücher werden zu → *Frauenfilmen* verfilmt.

Stadtplan, der; -s, …pläne (*euph. für* unvermeidbare Beziehungskrise)

Männer finden Stadtpläne ähnlich überflüssig wie → *Gebrauchsanweisungen.* Sie verlassen sich stets auf ihren → *Orientierungssinn,* und erst wenn sie sich nach einer mehrstündigen Geländetestfahrt (= planloses Herumirren) in einer fremden Zivilisation wiederfinden, wird zähneknirschend ein Stadtplan hinzugezogen. Meist muss die → *Beifahrerin* nun binnen Minuten den Stand- sowie Zielort herausfinden, um dann in sanfter Ansprache dorthin zu leiten. Unmöglich, weshalb sie vorschlägt, → *nach dem Weg zu fragen*. Zum längerfristigen Erhalt von Beziehungen hat man daher das → *Navigationsgerät* erfunden.

Suggestivhandlung [*Neol.*], die: -, -en
Bezeichnet eine Handlung, die allein durch die (demonstrative) Durchführung dem anderen ein Versäumnis aufzeigen soll. Typische Suggestivhandlungen sind: lautstark abwaschen, mit ganzem Körpereinsatz staubsaugen, sehr große Mengen Müll die Treppe herunterbalancieren.

Tt

tanzen

Hassen (fast) alle Männer, lieben (fast) alle Frauen. Für sie sind nur Partys, die mit Tanz enden, wirklich gelungene Partys. Männer stehen mit Bierflasche am Rand und wippen von einem Bein aufs andere. Besonders Extrovertierte versuchen sich im Ausdruckstanz, was meist auch kein Gewinn ist. Es verwundert, dass es Männer nicht in Scharen zur Tanzschule zieht, denn ein gekonnt getanzter Tango zieht bei Frauen mehr als Sportwagen, Candle-Light-Dinner oder Sixpack.

telefonieren

♂ Tätigkeit zum Übermitteln und Austauschen von Nachrichten

♀ 1. Tätigkeit zum Übermitteln von Nachrichten. 2. Hobby – ein gutes Telefonat kann ein persönliches

Treffen durchaus toppen. 3. Liebesbeweis: Ich wollte nur mal deine Stimme hören – das ist für Frauen ein Grund, ihren Liebsten anzurufen, für Männer hingegen eine abwegige Vorstellung, was für Frauen wiederum ein Grund für Vorwürfe ist.

Temperatur, die; -, -en (*von lat.* temperare = ins richtige Mischverhältnis bringen)

Vielleicht sollte diese Vokabel neu überdacht werden, denn das RICHTIGE Mischverhältnis gibt es eigentlich nicht. Männer empfinden alles über + 10° C als völlig OK bis richtig warm. Frauen empfinden alles unter + 10° C als frisch bis (zu) kalt und alles unter + 3° C als arktisch bzw. völlig inakzeptabel. Wobei Frauen in der Temperaturangelegenheit auch ganz klar benachteiligt sind, da warme Kleidung praktisch synonym mit unattraktiver Kleidung ist. Männern dagegen sehen in Daunenjacke, Boots und dicken Pullovern meist sogar besser aus als in Shorts und Kurzarmhemden. Auch und gerade das gemeinsame Schlafzimmer ist von der Temperaturdebatte betroffen, wobei Frauen hier mitunter überraschen und »Fenster auf« auch bei Minusgraden fordern.

toll (*syn. für* alles-andere-als-toll)

Wenn Frauen »toll« mit einem ausdruckslosen Gesicht sagen, dann meinen sie das Gegenteil von toll. Das könnte Ironie sein, wenn es witzig gemeint wäre, ist aber im besten Fall Sarkasmus (= verhöhnender Spott oder verspottender Hohn). Im schlechtesten Fall der Anfang einer → *Diskussion.*

Torschlusspanik, *siehe* → *Uhr, biologische*

Traumfrau, die; -, *nur Sing.*

90-60-90 und dazu ein Spatzengehirn – Barbie in Fleisch und Blut? Nein, das ist ein Klischee! Solche Frauen schätzen Männer GAR nicht. Behaupten sie in Studien. Intelligenz ist wichtig und Humor, die inneren Werte eben. Gut, sicher, wenn sie aussieht wie → *Scarlett Johansson* wäre das der Sache natürlich nicht abträglich.

Traummann, *siehe* → *Frauenversteher*

typisch, *eigentlich Adjektiv, meist Exklamation*

Wird gern mit dem Wörtchen »na« kombiniert, im Ernstfall sogar mit einem »Na, das ist ja mal wieder«. Klingt kindisch, ist es auch, aber das ist Frauen manchmal ganz schön egal.

Uhr, biologische, die; -, -en (*euph. für* Torschlusspanik) Ungerechterweise tickt sie nur für Frauen. 39 Jahre = fünf vor zwölf – und zwar sowohl fürs Kinderkriegen als auch in Sachen Mann-fürs-Leben. Tatsächlich kann man auch noch mit 50 schwanger werden und auch noch mit 70 den Mann fürs Leben finden, aber die Wahrscheinlichkeitsrechnung spricht eine andere Sprache. Ticktackticktack. Männer jammern zwar auch manchmal rum und reden sich eine Midlife-Crisis ein, aber da werden eher verpasste Hirngespinste beweint (*siehe auch* → *Lebenstraum*) als reale Chancen verabschiedet. Die meisten Männer gewinnen im Alter (jedenfalls diesseits der 60), und biologisch geht da auch noch einiges.

umziehen, sich (*ugs. auch*: aufbrezeln, schick machen)
Frauen ziehen sich auch schon mal um, wenn sie nur den Müll runterbringen wollen. Man weiß schließlich nie, wen man trifft. → *Make-up* wird auf jeden Fall aufgelegt, sobald die zu erwartende Entfernung zur Wohnung mehr als 20 Meter beträgt.
Männer wundern sich, warum sie eine andere Hose anziehen sollen, wenn sie abends eingeladen sind. »Wieso, wir gehen doch nur zu Anne und Erik. – Schatz, die Hose ist zehn Jahre alt und war damals schon schrecklich! – Was hast du bloß gegen die Hose? Die ist noch tipptopp!«

Ungeduld, weibliche, *siehe* → *HastDuSchon*

Unordnung, *siehe* → *Sehen, selektives,* → *Sockenproblem,* → *Wäsche*

unsexy, *siehe* → *Hausschuhe,* → *Jogginghose*

Unterwäsche, die; -, *nur Plur.* ↔ *Dessous*
Die Geschichte der weiblichen Unterwäsche ist eine Geschichte voller Lug und Trug. Betrogen werden die Männer, und zwar in vier Phasen. Phase eins: Sie trägt aufeinander abgestimmte Dessous, sexy in Schnitt, Farbe und Material – und sie vermittelt überzeugend den Eindruck, dass alles andere undenkbar ist. Phase zwei:

Sie trägt Höschen, die nicht immer zum BH passen, aber insgesamt durchaus sexy sind. Phase drei: Sie trägt eine unförmige, verwaschene Baumwollunterhose und entschuldigt sich dafür (»Die anderen waren in der Wäsche / ich war in Eile / mir war so kalt heute Morgen«). Phase vier: Sie trägt ausschließlich unförmige, verwaschene Baumwollunterhosen und bekommt einen Anfall, wenn er ihr ein Modell aus Phase eins schenkt: »Meinst du, wir haben das nötig?« (*Vgl. auch → Fangfrage.*)

Urlaubsplanung, die, -, -en

Zusammengesetztes Substantiv, wobei die tiefere Bedeutung des zweiten Teils von Männern zumeist komplett ignoriert wird. Frei nach dem Motto »DER Urlaub, DIE Planung« werden Reisen zu 99 % von Frauen gebucht bzw. organisiert. Was eventuell auch daran liegt, dass Frauen mit dem Ergebnis männlicher Planungen sowieso nie zufrieden sind (*vgl. auch → LassMichMalitis*).

Vv

Verabredung, *siehe* → *Date*

Verantwortungspsychose [*Neol.*], die; -, en

Erwachsen sein = Verantwortung übernehmen – diese Gleichung hinterfragen Frauen erst gar nicht. Männer sind da kritischer, für sie hat die Vokabel Verantwortung den gleichen Gruselfaktor wie Freddy Kruger. Denn Verantwortung verträgt sich nicht gut mit Freiheit – und die würden sich Männer schon gern mindestens bis zum Rentenalter erhalten. Vor allem in ihren 30er-Jahren entwickeln sie daher oft eine akute Verantwortungspsychose, die dazu führt, dass sie Beziehungen in einer Art Übersprungshandlung beenden bzw. im Ungefähren halten, damit sie nicht »festgenagelt« werden. Klinisch wird die Verantwortungspsychose bei solchen Männern vor allem in Bezug auf die → *Kinderfrage*.

vergessen, *siehe* → *erinnern,* → *ausrichten*

Vorabendserie, die; -, -n (*euph. für* Schlechtes-Drehbuch-schlechte-Schauspieler)

Schöne Menschen, schöne Häuser und Dialoge, wie man sie schon immer mal selbst führen wollte: »Du hast Graf Falkenstein nichts gesagt? Aber dann weiß er ja nicht, dass er mein Vater ist! Oh Francis, wir müssen ihn suchen, er hat seinen Revolver dabei!« Frauen (auch wenn sie es nicht immer zugeben) lieben Vorabend- und Arztserien, weil sie direkt an Hanni & Nanni, Bille & Zottel, Tina & Tini anknüpfen. Ein wohliges Gefühl von Nicht-nachdenken-Müssen breitet sich aus, sobald die Titelmelodie erklingt. Und das Beste: Man kann stundenlang mit anderen Frauen darüber → *quatschen* (*vgl. auch* → *Frauenfilm*).

Viagra® [*Kunstw.*], das; -, *nur Sing.* (*syn. für* Potenzmittel)

Warum Viagra® Viagra heißt, hat der Hersteller nicht verraten. Vielleicht von lateinisch *vigor* (= Stärke) oder vom Sanskrit-Wort für Tiger. Egal. Wichtig zu wissen ist aber: Männer reden nicht über Viagra®, im Gegenteil, das Wort hat für sie eine ähnlich einschüchternde Wirkung wie Prostata, → *Vorsorgeuntersuchung* und Erektionsstörung. Auch wenn diese Vokabeln gar nicht unbedingt in einem Zusammenhang stehen. Frauen (die im Übrigen schon lange darauf warten, dass die Pharmaindustrie für sie auch ein Viagra® entwickelt) sollten das Wort besser nicht erwähnen, vor allem nicht im Dunkeln. Sonst hat sich sehr schnell das Vor-, Haupt- und Nachspiel erledigt.

Vorsorgeuntersuchung, die; -, -e
♀ regelmäßig wahrzunehmender Arzttermin
♂ [*Reizw.*] Entsetzliche Vorstellung, wird so lange verdrängt, bis der Begriff und alles, was damit zusammenhängt, praktisch aufhören zu existieren. Umso größer die Panik, wenn Außenstehende (= die Frau) auf das Thema zu sprechen kommen. Und wie Frauen so sind, nennen sie die Dinge bei ihrem ganzen grausamen Namen: »Zahnkontrolle! Du warst zuletzt vor fünf Jahren da!« Hektisches Augenflackern, nervöses Zucken. Ja, hm, stimmt vielleicht. »Und Prostata?« Aahh, worst case. Nicht dieses Wort. Da muss ich nicht hin, noch nicht …

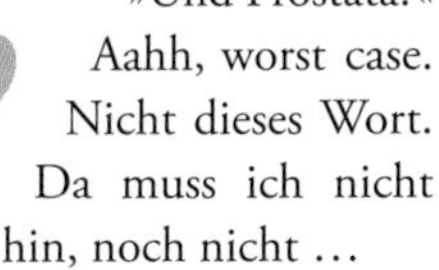

Wärmflasche, die; -, -n

Bevor sie mit einer Frau zusammenwohnten, dachten Männer, dass Wärmflaschen ausschließlich von kleinen Kindern und Omas benutzt werden. Dann aber müssen sie feststellen, dass sie ihr Bett nicht nur mit einer schönen Frau, sondern auch mit einem labbrigen Gummiding teilen. Alternativen wären Socken, Bettschuhe (gibt es wirklich!) oder kalte Frauenfüße an (empfindlichen) warmen Männerstellen. Mann wähle selbst.

Waschbrettbauch, der; -s, …bäuche (*veralt. für* Sixpack)

Bekommt man, wenn man sich schlau ernährt und schön viel Bauchmuskelübungen macht. Dann kommt die leicht gewölbte Bauchmuskulatur zum Vorschein! Oft besteht diese aus drei Wölbungen pro Seite, macht insgesamt sechs schicke Bauchmuskelstränge. Und deshalb heißt ein sexy Männerbauch im Englischen Sixpack! Gern genommen, für die meisten Männer allerdings ebenso utopisch wie die → *Bikini-Figur* für Frauen.

Wäsche, schmutzige, die; -, *nur Plur.*

♀ Muss in den Wäschekorb geworfen, gewaschen, aufgehängt, abgehängt und zusammengelegt werden. Also los.

♂ Abwarten. Es könnte schließlich jederzeit sein, dass die Teleportationstechnik Alltagsreife erlangt. Oder dass sich das Raum-Zeit-Kontinuum so verändert, dass Wäschewaschen überflüssig wird. Abwarten.

Weihnachten, *siehe* → *Familienfest*

weinen, *siehe* → *heulen*

Weißweinschorle, die; -, -n

Reines Frauengetränk. Männer, die an Weißweinschorle nippen, dürften sich im nicht messbaren Promillebereich bewegen. Frauen hingegen lieben das Verdünnte und bestellen bei 98 % aller Bar- und Restaurantbesuche als Erstes Apfelschorle (vor 18 Uhr) oder eben Weißweinschorle (nach 18 Uhr). Die Gründe: 1. Es ist so schön erfrischend (Bitzel!). 2. Es ist praktisch kalorienfrei (halb Wasser!). 3. Es ist irgendwie gesund (halb Wasser!). Und Millionen Frauen können nicht irren: Tatsächlich haben 100 ml Weißweinschorle nur schlanke 37 Kalorien (Weißbier: 95, Rotwein: 85, Weißwein logischerweise 74 Kalorien) und lächerliche 3 g Alkohol (Bier: 3,9, Rotwein: 10,6, Weißwein logischerweise 6 g). Was den Geschmack angeht: nun ja.

werfen; warf, würfe, geworfen, wirf!
Können Frauen nicht. Konnten sie schon als Mädchen im Sportunterricht nicht. Na ja, mit Ausnahme von Astrid Kumbernuss vielleicht. Missionarische Tätigkeiten in dieser Disziplin sind meist nicht von Erfolg gekrönt. Auch wenn es angeberisch aussieht: Es kommt bei Frauen besser an, wenn man zeigt, wie toll man werfen kann (Steine ins Wasser, Kastanien vom Baum), als wenn man versucht, ihnen beizubringen, Bälle wie ein Mann zu werfen (»Oh nein, nicht von unten, du musst den Arm nach hinten nehmen, nicht so waagerecht, natürlich angewinkelt …«).

Wohnung, gemeinsame, *siehe* → *Möbelzusammenführung*

X-Chromosom, das; -s, -e

Das Chromosom, von dem Frauen gleich zwei Stück haben und Männer nur eins, war lange Zeit ziemlich unerforscht (das X stand für unbekannt). Inzwischen hat man allerdings so einiges über das X-Chromosom herausgefunden, zum Beispiel dass es nur 4 % der Gene enthält. Aber ziemlich viele davon sind Intelligenzgene. Wirklich!

x-mal, *inflationäres Adverb*

Wird vor allem von Frauen gern in lautstarken Argumentationen verwendet: »Wie – du wusstest nicht, dass der Müll voll / das Brot alle / die Wäsche trocken ist? Das habe ich dir doch schon x-mal gesagt!«

XS (*Abk. für* extra small, *engl.* = sehr klein)
36 (= S) ist gut, 34 (= XS) ist besser. Spätestens seit »Germany's Next Topmodel« sehnen sich viele Frauen nach der fast mystischen Kleidergröße XS. Ach, Frauen sind ja so leicht manipulierbar, denken sich einige Klamottenfirmen und definieren die Kleidergrößen unauffällig neu. Aus M wird S, aus S wird XS. Natürlich kauft man lieber dort, wo man in XS reinpasst, noch besser in XXS. Da fühlt man sich gleich zwei bis drei Kilo leichter, besser, attraktiver. Und proportional zur Laune der Kundinnen steigt der Umsatz der Firmen.

Y-Chromosom, das; -s, -e

Das Y-Chromosom ist viel kleiner als das X-Chromosom (wirklich!), aber Größe ist ja bekanntlich nicht entscheidend. Jedenfalls enthält es nur ein paar Dutzend Gene, dafür aber alles, was den Mann zum Mann macht.

Yin und Yang [*chin.*], das; -, *nur Sing.*

Dient vor allem Männern als eine Art Oberbegriff für alles esoterisch Angehauchte, also alles, was sie ziemlich blöd finden. Viele Frauen hingegen stehen total auf Yin & Yang, Feng Shui, Dalai Lama und Ayurveda – eine Vermittlung fällt hier aber oft schwer. Deshalb reisen auch so viele Frauen allein durch Asien.

Yoga, das, *auch* der; -(s), *nur Sing.*

Yoga finden Männer ähnlich schlimm wie Ballett und außerdem auf suspekte Weise esoterisch (s. o.) Viele Frauen mögen den Asienfaktor an Yoga (s. o.), andere können Kerzenschein, komische Musik und OM-Zwang komplett ausblenden und erfreuen sich am sportlichen Aspekt des Ganzen.

Zähneputzen, das, -s, *nur Sing.*

Am Anfang gehört das Bad immer nur einem / einer von beiden. Frisch Verliebte putzen nicht gemeinsam Zähne. Pickel drückt jeder für sich aus, und auch die Nagelpflege findet unter Ausschluss des Partners statt. Im Laufe der Beziehung werden die Umgangsformen dann lockerer; meist nimmt die individuelle proportional zur gemeinsamen Intimität ab. Gegen Ende der Beziehung sind auch Toilettengänge in Anwesenheit des Partners nicht ausgeschlossen. Merke: Gemeinsames Zähneputzen ist der Anfang vom Ende.

Zeit, die; -, *nur Sing.*

Zeit ist bekanntlich relativ und von Männern vor allem relativ schlecht einzuschätzen. Im Umgang mit Entfernungen und Himmelsrichtungen sind sie weit vorne, aber mit der Zeit hapert es. Quizfrage: Ein Mann will um 17 Uhr seine Mutter besuchen, die 20 Kilometer entfernt wohnt. Um 19 Uhr ist er mit seiner Frau fürs Kino verabredet. Warum schläft die Frau am Ende auf dem Sofa? Lösung: Er denkt: Halbe Stunde hin, halbe Stunde Kaffee trinken, halbe Stunde zurück – also, um 19 Uhr bin ich locker zurück, wo ist das Problem? Sie weiß: Er schafft es nie im Leben rechtzeitig zum Kino. 1. Feierabendverkehr! 2. Parkplatzsuche hier und / oder dort. 3. Eine halbe Stunde Kaffeetrinken ist völlig unrealistisch – es dauert ja schon 10 Minuten, bis der Kaffee auf dem Tisch steht. Und selbst wenn er so unhöflich ist, nach einer halben Stunde wieder zu gehen – bis man tatsächlich im Auto sitzt, dauert es doch länger. Er kommt also zu spät, Kino fällt aus, sie sauer, Streit, Sofa.

zelten (*euph. für* unbequem, feucht und hellhörig)
Zelten ist so ein Abenteuerding, das die meisten Männer lieben oder doch jedenfalls liebten. Sie verwechseln spartanisch mit romantisch und überreden die Liebste zum Zelturlaub. Wo sie dann so tun muss, als mache sie sich nichts aus fließend warmem Wasser, Elektrizität und weichen Matratzen.

Zukunft, *siehe* → *Lebensplanung*

zusammenziehen, *siehe* → *Möbelzusammenführung*

VOKABELTEST

Testen Sie Ihren Wortschatz – für sie

Verstehen Sie Ihren Liebsten wirklich? Dann sollten Sie beim Beantworten der folgenden Testfragen kein Problem haben. Falls doch: Nachschlagen ist erlaubt!

1. Wofür steht der Ausdruck »Neunelfer«?

a) ein spezieller Elfmeter im Fußball
b) ein Porsche
c) der 11. September 2001

2. Nennen Sie die drei Möbelstücke, die einem Mann zum Leben reichen:

.... , ... , ...

3. Über welches der folgenden Gadgets würde sich ein Mann freuen?

a) ferngesteuertes Mini-U-Boot
b) USB-Raketenwerfer
c) elektronische Drumsticks

4. Wie interpretieren Sie die Vokabel »Hmmh«?

a) ja
b) nein
c) vielleicht
d) er tut nur so, als ob er zuhört

5. Welche Bedeutung hat Bier für den Mann?
a) Getränk
b) Nahrungsmittel
c) Alkohol

6. Wie interpretiert ein Mann die Wortfolge »nach-dem-Weg-fragen«?
a) normaler Vorgang, um zum Ziel zu kommen
b) Zugeständnis an die Beifahrerin
c) Supergau, Kapitulationserklärung, Zumutung

7. Welche der folgenden Vokabeln ruft bei Männern sofortiges Unwohlsein hervor?
a) Sex
b) kuscheln
c) fernsehen

8. Vervollständigen Sie folgenden Lückentext (Tipp: Es handelt sich um ein Telefongespräch, das ein Mann mit seinem Kumpel führt):
Hey, ..., lass mal den neuen .... gucken am Wochenende. Habe ich gestern die Vorschau gesehen. Alles klar, OK, ..., bis dann.

Lösungen siehe vorletzte Seite

Testen Sie Ihren Wortschatz – für ihn

Verstehen Sie Ihre Liebste wirklich? Dann sollten Sie beim Beantworten der folgenden Testfragen kein Problem haben. Falls doch: Nachschlagen ist erlaubt!

1. Sie sagt: »Wir müssen reden.« Sie meint:

a) Wir sollten mal wieder eine gepflegte Unterhaltung führen.
b) Wir müssen den Wochenplan besprechen.
c) Es gibt Ärger.

2. Nennen Sie zu folgenden typischen Sätzen einer Frau die wirklichen Aussagen auf der Meta-Ebene:

a) Oh, der Müllbeutel ist ja schon ziemlich voll.
b) Deine dunkle Hose ist frisch gewaschen.
c) Ja, deine Ex ist echt nett. Aber in dem rosa Kleid sah sie so blass aus. Vielleicht ist sie krank?

3. Wie drücken Frauen ihre Begeisterung für ein Auto aus?

a) Wow, 150 PS!
b) Serienmäßig mit Alufelgen und Seitenaufprallschutz!
c) Süüüüüüß!

4. Wie nennt man die weibliche Fähigkeit, mehrere Dinge gleichzeitig zu tun?

a) Multitasking
b) Multiple Persönlichkeitsstruktur
c) Wahnsinn

5. Wie heißt der berühmteste Frauenschuhdesigner?

a) Manuel Görtz
b) Manolo Blahnik
c) Miguel Reno

6. Welche ist die richtige Antwort auf folgende Fangfrage: Findest du mich zu dick?

a) Ja.
b) Nein.
c) Vielleicht ein bisschen.

7. Was versteht man in der Psychotherapie unter »Paartag«?

a) Ein Tag zum Paaren.
b) Ein Tag, an dem man im Partnerlook unterwegs ist.
c) Ein Tag pro Woche, der die einschlafende Partnerschaft durch zwangsweise verordnete Gemeinsamkeit vor dem Untergang bewahren soll.

8. Vervollständigen Sie folgenden Lückentext (Tipp: Es handelt sich um ein Telefongespräch, das eine Frau mit ihrer Freundin führt):

»Wir waren gestern im Kino. Ja, es war unser .... , er hat tatsächlich dran gedacht. Aber nur, weil ich ihn in den letzten Wochen ungefähr hundertmal daran .... habe. Ja, er war sogar einverstanden, einen .... zu gucken. Wahrscheinlich weil .... mitgespielt hat. Wie der Film war? Ach, ganz nett, am Ende musste ich sogar .... Du, gleich fängt meine Lieblings .... an. Aber lass uns doch am Samstag mal .... gehen, es ist gerade .... Und danach ins Café, mal wieder in Ruhe .... OK, ...!«

Lösungen – für sie

1: b, 2: Matratze, Tisch, Stuhl, 3: a, b und c, 4: d, 5: b, 6: c, 7: b, 8: Alter, James Bond, Alter

Lösungen – für ihn

1: c, 2a: Wann bringst du endlich den Müll runter??? 2b: Zieh bloß nicht wieder deine alte Jeans an, wenn wir meine Eltern besuchen! 2c: Ich hasse sie und ich sehe viel besser aus, 3: c, 4: a, 5: b, 6: Es gibt keine richtige Antwort, 7: c, 8: Jahrestag, erinnert, Frauenfilm, Scarlett Johansson, heulen, Serie, shoppen, Sale, quatschen, Ciaoi

Auswertung

1–4 Antworten richtig: Mangelhafte Kenntnisse!
Versuchen Sie, mündlich mehr mitzuarbeiten, indem Sie häufiger mit der Partnerin / dem Partner reden.

5–7 Antworten richtig: Könnte besser sein
Aber durch ein gesteigertes Interesse könnten Sie den Stoff aufholen. Empfehlung für sie: einen Nachmittag im Elektro- und / oder Baumarkt verbringen und einmal pro Woche einen Actionfilm schauen. Empfehlung für ihn: einen Nachmittag bei H & M verbringen und einmal pro Woche »Sex and the City« gucken.

Alle Antworten richtig: Alles bestens
Geht doch.

Autorin

Katharina Mahrenholtz, Journalistin, Redakteurin beim Hörfunk und Autorin, lebt mit ihrer Familie in Hamburg. Für Sanssouci hat sie bisher mehrere Bände der Reihe »Kompetent und im Trend« geschrieben, zuletzt »Supermom. Zwischen Kind und Karriere« (2008) und »Babyzeit, Kinderzeit. Spielend lernen und verstehen« (2009).

Illustratorin

Dawn Parisi, Grafikerin und Illustratorin, lebt in Hamburg. Neben ihrer Arbeit für Design-Agenturen ist sie auch für Verlage tätig. Für Sanssouci hat sie die Reihe »Kompetent und im Trend« mit entwickelt. Zuletzt erschien »Babyzeit, Kinderzeit. Spielend lernen und verstehen« mit Katharina Mahrenholtz (2009) und »Im neuen Job. Überlebenstipps für die ersten 100 Tage« mit Gunda Achterhold (2009).